ABC
de
la Sophrologie

Collection « ABC »

Équilibre

ABC des Biorythmes, P. Debarbieux
ABC des Chakras, D. Lecroq
ABC de la Géobiologie, D. Semelle
ABC des Massages traditionnes thaïlandais, D. Lamboley
ABC de la Médecine chinoise, N. Raphaël
ABC du Qi Gong, L. Dong
ABC de la Réflexologie plantaire, D. Lamboney
ABC du Reiki, P. Wagner
ABC de la Relaxation, J. Choque
ABC du Thaï Chi Chuan, L. Wan des Heyoten
ABC du Yoga, M.-F. Lemoine

Ésotérisme

ABC de l'Alchimie, C. Sédillot
ABC de l'Astrographologie, S. Chermet-Carroy
ABC de l'Astrologie chinoise, D. de Caumon
ABC de l'Astrologie indienne, D. Huat
ABC de l'Astrologie kabbaliste, R. Graffin
ABC de l'Astrologie karmique, L. Larzul
ABC de l'Aura, F. de Biasi
ABC de la Cartomancie, G. Sciuto
ABC de la chance, G. Schwinn
ABC des Coïncidences mystérieuses, J. Moisset
ABC de l'Encromancie, U. Mukanta
ABC de l'Énergie pyramidale, J. Warin
ABC du Yi-King, B. Ducourant
ABC de la Magie blanche, P. Guérin
ABC de la Magie naturelle, A. de l'Isle
ABC du magnétisme, J. Mandorla
ABC de la Numérologie, J.-D. Fermier
ABC de la Numérologie chinoise, J.-D. Fermier
ABC des Pierres énergétiques, D. Mantez, J.-M. et J. Paffenhoff
ABC de la Radiesthésie, J.-L. Crozier et J. Mandorla
ABC des Réussites, M. Decreuse
ABC des Runes, J.-P. Ronecker
ABC des Tarots, C. Silvestre

Psychologie

ABC de l'Analyse transactionnelle, G. Garibal
ABC de l'Au-Delà, G. Osorio
ABC de la Connaissance de soi, C. Blin
ABC des Couleurs, D. Beresniak
ABC de l'Ennéagramme, E. Salmon
ABC de la Généalogie, V. Gautier
ABC de la Graphologie, M. Moracchini
ABC de l'Hypnose, E. Barone et J. Madorla
ABC Morphochirologie, M. Bouillon et P. Rouillier
ABC de la Morphopsychologie, C. Binet
ABC de la Mythologie grecque, P. de Louvigny
ABC de la Psychologie, C. Morel
ABC de la Psychologie de l'enfant, C. Morel
ABC des Psychothérapies, C. Morel
ABC des Rêves, C. Genest
ABC de la Sexualité, J.-M. Fitremann

Santé

ABC de la Diététique chinoise, Dr R. Allard
ABC des Élixirs floraux, E. et C. Maizière
ABC de la Numérologie médicale, Dr M. Rubin et M. Piétri-Vignat
ABC de la Phytothérapie, Drs Duraffourd, Lapraz et Valnet

Recevez notre catalogue sur simple demande
aux Éditions Grancher
98, rue de Vaugirard – 75006 Paris

Brigitte Dretz

ABC de la Sophrologie

L'harmonie de l'esprit

Éditeur : Michel Grancher

GRANCHER

ISBN 2-7339-0791-3 – ISSN 0761-019X

98, rue de Vaugirard, 75006 Paris
Tél. 01 42 22 64 80 / Fax 01 45 48 25 03
www.grancher.com
m.grancher@worldonline.fr.

Je dédie ce livre
à Gérard qui m'accompagne dans la vie
et que je remercie d'être qui il est...,
à Guillaume et à Julien, qui me montrent le chemin
et qui m'apprennent tant sur moi-même,
et que je remercie également
pour ce que nous partageons tous les quatre.

Et à tous ceux et celles qui me sont proches.

Qu'est-ce que la sophrologie ?

La sophrologie est l'étude de la conscience et des moyens qui nous permettent d'aller à l'intérieur de nous-mêmes, afin de comprendre notre fonctionnement profond, de devenir conscients et responsables, pour rétablir l'harmonie entre l'esprit, le mental et le corps ainsi qu'un bien-être durable. Elle nous permet de transformer notre regard sur nous-mêmes et sur la vie.

Étymologiquement, le mot « sophrologie » vient du grec : *sos* : ***harmonie, sérénité***
phren : ***conscience***, cerveau
logos : ***étude***, science

Elle fut fondée en 1960 par le professeur Alfonso Caycedo, psychiatre colombien, très inspiré par les philosophies orientales et leurs pratiques.

Il a fait de la sophrologie une science très utilisée en thérapie.

L'appellation « sophrologie caycédienne » a ainsi vu le jour, suivie par d'autres écoles créées par des sophrologues qui en ont conservé les fondements, mais que leurs sensibilités différentes ont conduits à la recherche d'une ouverture, d'un élargissement.

Si la sophrologie permet à l'être humain d'élargir sa conscience, elle pousse également ceux qui l'étudient et la pratiquent à ne pas s'enfermer dans une structure rigide quelle qu'elle soit.

Présentation

Ce livre est avant tout un guide d'application pratique, qui vous permettra de vous mieux connaître et vous fera découvrir comment éliminer les conflits intérieurs dans la vie quotidienne pour retrouver le bien-être et la joie de vivre. Il vous permettra également de mieux vous comprendre et par conséquent de mieux comprendre les autres.

La première partie, tout en étant la plus théorique, est étoffée d'exemples et d'exercices qui illustrent les explications et qui vous donneront la possibilité de mettre en application pour comprendre plus profondément.

La seconde partie se lit différemment. Elle est plus descriptive et envisage les états émotionnels que peuvent rencontrer tous les êtres humains durant leur vie. Les exercices sont nombreux là aussi, et je vous conseille de les expérimenter *tous*, même si certains états d'être semblent ne pas vous correspondre, car ils ont tous une valeur symbolique qui vous permettra de construire et consolider votre confiance en vous.

La troisième partie quant à elle, est en quelque sorte l'application de ce que vous aurez expérimenté pour vous-même, et que vous allez étendre et mettre en pratique en attendant un enfant. Cette période de la vie intra-utérine est comme vous le verrez très déterminante pour la suite de sa vie et vous découvrirez les principes de base de la communication durant cette période.

Ce dernier volet est vaste car la communication entre parents et enfants commence dès la conception pour ne plus s'interrompre... en passant par la vie intra-utérine, la naissance, l'enfance et l'adolescence qui sont les périodes les plus importantes pour aider l'enfant à se construire pour devenir un adulte autonome et libre. Ce sujet a toujours été préoccupant et souvent les parents, par méconnaissance de ce dont ont véritablement besoin leurs enfants, se trouvent désemparés devant les problèmes qu'ils rencontrent.

Aussi, ce sujet sera celui de mon prochain livre, actuellement en préparation.

INTRODUCTION

Imaginez un soleil qui rayonnerait largement et puissamment en vous, qui serait placé au centre de votre être, créant en vous, équilibre et harmonie.

Imaginez quelle sérénité et quel bonheur vous ressentiriez !

Ce soleil, tel que je vous propose de l'imaginer ici, ne rayonne pas toujours ainsi en chacun de nous et parfois nous pensons même qu'il ne se manifeste pas du tout... pourtant, il a toujours été là, avec plus ou moins d'intensité et de force, comme si quelque chose l'obscurcissait ou empêchait ses rayons de s'étendre.

Ce quelque chose est comme un mur qui emprisonnerait et assombrirait le centre de notre être, là où le soleil cherche à rayonner et à nous illuminer. Un mur fait de nos inquiétudes, nos incertitudes, nos découragements, notre impatience, notre intolérance, etc., c'est-à-dire ces états d'être négatifs derrière lesquels se cachent nos peurs et qui nous empêchent de nous réaliser pleinement dans la vie puisqu'ils paralysent notre confiance en nous.

Heureusement, il ne fait pas toujours aussi sombre au centre de nous-mêmes, précisément lorsque nous nous sentons reconnus, aimés, ou encore lorsque nous nous félicitons pour une réussite personnelle et que nous sommes satisfaits de nous, etc., c'est-à-dire lorsque nous sommes dans un état d'être positif qui nous plonge dans le bien-être et nous permet de nous ouvrir et de rayonner. Dans cet instant, nous sommes en harmonie avec nous-mêmes, en accord intérieur avec qui nous sommes véritablement et profondément : un être joyeux et rayonnant.

La sophrologie nous mène à cet état en nous enseignant l'observation et l'attention, en nous mettant sur la voie de la compréhension de nos émotions et de la connaissance de nous. Elle nous fait découvrir notre richesse intérieure et nous permet ainsi de nous accepter et de nous aimer tels que nous sommes.

Notre transformation s'opère alors en profondeur pour que nous devenions vraiment nous-mêmes, et c'est ainsi que nous pouvons faire en toute confiance des ouvertures de plus en plus larges dans notre mur et laisser notre soleil intérieur rayonner en nous et autour de nous.

Le bien-être et la sérénité prennent alors la place des tensions et du stress pour nous offrir une vie abondante !

Sophrologie et communication avec soi-même

L'être conscient et la conscience

La pratique de la sophrologie nous permet de découvrir qu'en désirant retrouver la sérénité et l'harmonie, nous sommes amenés à nous tourner vers l'intérieur de nous-mêmes et à *devenir attentifs* à ce qui se manifeste en nous.

C'est ainsi que nous évoluons vers une conscience toujours plus grande et plus profonde, car être attentifs à notre manière de penser et de ressentir nous conduit progressivement à la découverte des causes profondes de nos mal-être, de nos souffrances et à la guérison de nos blessures intérieures.

Grâce à cette écoute, nous ouvrons la communication et nous créons en nous une nouvelle manière de penser et de ressentir, *en conscience*, c'est-à-dire en étant *présents* à nous-mêmes. Cette écoute nous guide vers une nouvelle compréhension de notre existence et progressivement vers la maîtrise de nos pensées et de nos émotions.

La conscience fait partie intégrante de notre être et se manifeste à un niveau subtil. Elle nous connecte à notre univers intérieur, à notre corps physique, à notre environnement et au cosmos, et met en évidence notre présence à nous-mêmes et notre existence dans notre corps. Elle est reliée à notre cerveau et par conséquent à nos sens qui sont comme des antennes nous permettant de capter des messages venant de l'intérieur et de l'extérieur de nous.

La conscience est à la source de la communication avec soi, et la sophrologie, grâce à des exercices appropriés, est le chemin qui nous conduit vers le développement et l'élargissement de notre conscience propre et de la conscience collective.

Fermez vos yeux quelques instants en tournant votre regard vers l'intérieur, puis ouvrez-les doucement et prononcez lentement la phrase suivante, en la ressentant :

« Plus je suis conscient(e) de ce qui se manifeste en moi,
mieux je peux maîtriser mes pensées et mes émotions,
et plus ma sérénité et ma confiance grandissent. »

Imprégnez-vous bien de cette phrase, laissez-la s'inscrire en vous afin que la compréhension en soit profonde. À travers cette phrase vous décidez d'intervenir sur votre comportement en tant que personne consciente et responsable.

LES NIVEAUX DE CONSCIENCE

Notre cerveau émet des ondes (mesurables grâce à un électroencéphalogramme) qui portent les noms de bêta, alpha, thêta, etc. et qui correspondent à un rythme cérébral. Leurs fréquences nous permettent de définir des niveaux de conscience qui sont des seuils que nous franchissons naturellement, allant de la veille attentive au sommeil profond et inversement. Notons que plus nous nous détendons, plus la fréquence diminue.

Prenons un exemple : lorsque vous dialoguez avec votre entourage sur un sujet qui vous intéresse, la fréquence de vos ondes cérébrales est élevée et correspond au niveau de *veille attentive* ou *hypervigilance.* Si vous êtes au calme et toujours tout à fait vigilant(e), la fréquence diminue légèrement et vous êtes en niveau de *veille.* Si vous cherchez à vous détendre elle continue à baisser, et si vous fermez les yeux pour vous endormir, elles diminuent de plus en plus pour finalement atteindre le niveau qui correspond au *sommeil,* puis au *sommeil profond.* Le matin vous faites le chemin inverse pour sortir du sommeil et retrouver votre niveau de veille attentive.

La sophrologie s'appuie principalement sur cette faculté de pouvoir changer naturellement de niveau de conscience, pour nous permettre d'accéder à celui que nous appelons « sophroliminal » dans cette discipline, et de le maintenir en nous. Il est un intermédiaire entre les niveaux veille et ceux du sommeil et correspond aux ondes alpha et thêta.

Nous atteignons ce palier grâce à une pratique très simple qui est celle de la relaxation, c'est-à-dire la recherche d'un état dans lequel nous sommes parfaitement détendus et relâchés physiquement et mentalement, et en même temps parfaitement conscients de nos pensées et ressentis intérieurs.

Les niveaux de conscience et la fréquence des ondes cérébrales

Veille attentive et Veille

entre 38 et 12 cycles / seconde
(rythme bêta)

Niveau « sophroliminal »

entre 11 et 6 cycles / seconde
(rythme alpha puis thêta)

Sommeil

entre 5 et 1 cycle / seconde

La pratique de la relaxation a un double intérêt : d'une part elle entraîne une baisse de fréquence des ondes cérébrales (comme nous venons de le voir), mais en même temps elle permet d'augmenter le voltage cérébral. La puissance du cerveau est donc accrue et induit une dynamique. Cette notion est intéressante à retenir pour comprendre la puissance du travail intérieur qui s'effectue pendant la relaxation.

Notons que vingt minutes de relaxation représente une recharge énergétique équivalente à deux heures de sommeil.

Les niveaux de conscience et le voltage cérébral

(Dans le tableau suivant, nous introduisons les notions de conscient, préconscient et inconscient dont nous allons parler ensuite, pour vous permettre de les situer par rapport aux niveaux de conscience.)

	Sommeil profond	
		200 à 1 000 microvolts
	Sommeil	
..........*Inconscient*.....	Niv. Sophroliminal Relaxation	100 microvolts
..........*Préconscient*.....		
	Veille	
		10 à 50 microvolts
	Veille attentive	
..........*Conscient*.....		

Pendant la relaxation la «porte» de l'inconscient s'entrouvre (comme elle le fait naturellement juste avant le sommeil) pour donner au conscient un accès aux informations qu'il contient et parallèlement donner à ce dernier la possibilité de transmettre de nouveaux messages positifs à l'inconscient. Entre ces deux zones se trouve le préconscient qui est en quelque sorte un intermédiaire filtrant les informations.

Nous comprenons par ce processus que le volume

d'informations inconscientes qui se trouve en nous, diminue en passant progressivement vers le conscient, et que d'autre part le préconscient joue le rôle d'un intermédiaire « intelligent » laissant passer vers notre conscient ce que celui-ci est capable et prêt à connaître.

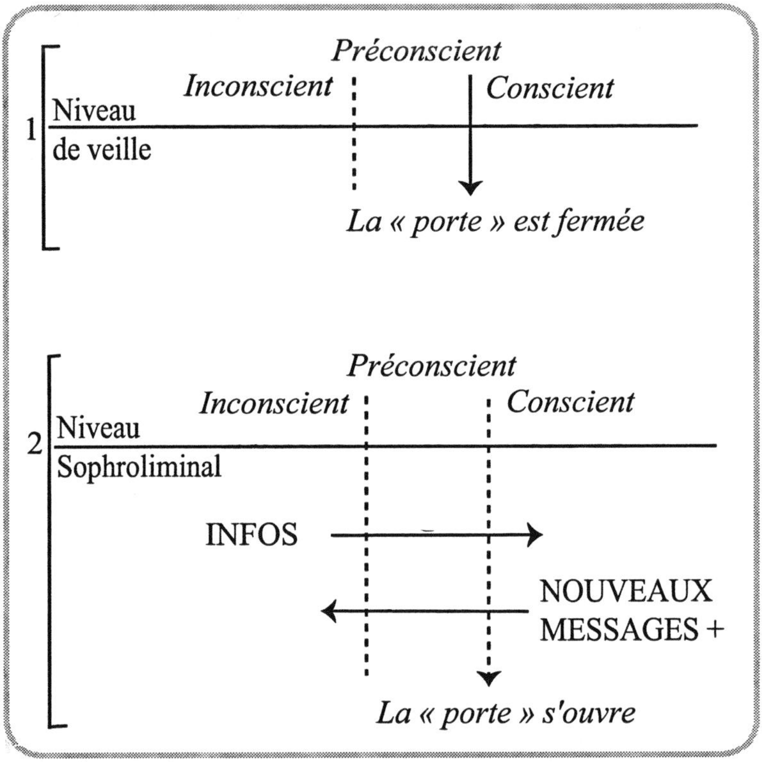

L'ENTITÉ [ESPRIT, MENTAL ET CORPS]

Les philosophies orientales et la sophrologie mettent en évidence que s'il n'y a pas de communication harmonieuse entre l'esprit, le mental et le corps, nous en ressentons des tensions intérieures, des mal-être et nous finissons par tomber malade.

Autrement dit, si nous n'avons pas conscience de ces trois composantes [esprit, mental et corps], nous ne considérons notre existence qu'à travers notre corps physique et matériel, comme si nous n'étions que cela. Par conséquent nous n'utilisons pas tout notre potentiel et par cette non-conscience, nous coupons les voies de communication entre l'esprit, le mental et le corps, alors que leur rôle est de permettre à l'énergie de circuler librement et harmonieusement. Un grand déséquilibre se crée alors en nous, car si l'énergie est bloquée, notre corps physique s'en trouve sous-alimenté. Il est alors moins résistant aux agressions extérieures et se fragilise.

Cette énergie est celle de la vie elle-même. Elle est partout présente : dans les aliments et l'eau que nous absorbons, dans l'air que nous respirons, dans la lumière qui nous éclaire, dans notre environnement visuel et auditif, dans ce que nous captons et transmettons à travers nos mains ou le toucher. Notons que plus la qualité de ces éléments est pure et proche de la Nature et en respect de celle-ci, plus l'énergie peut s'y concentrer.

Par conséquent, nous captons tous cette énergie grâce à nos sens qui nous mettent en relation avec elle. Mais nous ne la canalisons pas et ne la faisons pas circuler en nous, tous de la même façon, selon que nous en sommes conscients ou non. Car ce sont nos vécus et nos expériences de la vie et notamment nos mal-être et nos souffrances qui nous poussent vers une recherche intérieure et une compréhension de ce qui se manifeste en nous.

Ainsi nous pouvons passer toute notre vie non-conscients de cette énergie qui est néanmoins présente, car c'est elle qui fait le lien avec la Vie. Elle circule alors de manière plus ou moins harmonieuse en nous, et ne fait que nous maintenir en survie avec tout ce que cela comporte : « des hauts et des bas », des moments de bien-être, mais aussi des tensions intérieures de plus en plus fréquentes et intenses, qui créent en nous des déséquilibres et des mal-être, qui finissent par se concrétiser par des maux physiques.

Ce sont là des signes par lesquels notre corps s'exprime pour nous pousser et nous presser à chercher intérieurement et plus loin ce qui ne va pas.

Et deux choix s'offrent alors :

– nous pouvons continuer à nous fermer les yeux et à nous boucher les oreilles pour ne rien voir et ne rien entendre, et ne nous préoccuper que notre corps en ne soignant que lui, ou plus exactement en le faisant taire puisqu'il nous dérange !

– Ou bien nous nous servons de ces signes pour ouvrir nos yeux et nos oreilles à autre chose et pour chercher à comprendre la cause profonde de nos souffrances. Nous allons bien sûr soulager notre corps qui a besoin de soins, *et en même temps* nous allons nous tourner vers l'intérieur, pour écouter avec bienveillance et attention ce qui s'y passe, et travailler au rétablissement du bien-être et d'une harmonie durables.

Nous avons alors conscience de notre entité [esprit, mental et corps] où chaque composante est reconnue et à qui nous redonnons sa place. L'équilibre s'installe, les voies de communication s'ouvrent et la circulation de l'énergie de vie se rétablit progressivement pour nous apporter une guérison complète.

Notre entité [esprit, mental, corps]

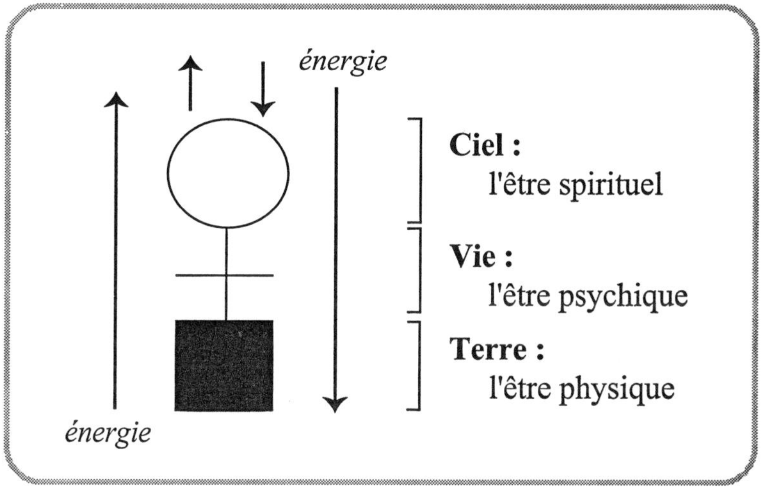

L'être humain est une antenne entre le ciel et la terre,
en qui circule l'énergie...
les pieds ancrés sur la terre et la tête dirigée vers le ciel.

Regardons de quelle manière la tradition chinoise définit et symbolise l'être humain *en vie.*

Dans cette perspective, le professeur Caycedo dans ce qu'il nomme « la relaxation dynamique » propose de se tenir debout pendant la relaxation pour être *physiquement* dans la posture idéale.

Ceci est très intéressant symboliquement. Mais d'autre part, sachant que notre cerveau réagit de la même façon aux informations qui lui viennent d'un fait réel ou qui lui sont suggérées par l'imagination – dans certaines conditions bien sûr, et en particulier en état de relaxation alpha ou thêta – *si nous nous visualisons debout,* les pieds bien ancrés sur la terre et la tête dirigée vers le ciel, *notre cerveau l'enregistre comme une réalité* et reçoit le message avec toute sa valeur symbolique, quelle que soit notre position physique réelle.

C'est pourquoi vous remarquerez que je ne reprends pas systématiquement la position physiquement verticale dans les exercices, d'autant plus qu'il n'est pas facile pour certaines personnes au début de la pratique, de ressentir l'état de relaxation en étant debout.

Première partie

Aller à la découverte de soi, grâce à la sophrologie

Aller à la découverte de soi, c'est se mettre à l'écoute, c'est observer et comprendre ce qui se manifeste en soi, c'est sentir ce qui a besoin d'être transformé pour trouver l'harmonie.

Lorsque nous souhaitons découvrir un pays, nous lisons des livres, nous assistons à des conférences ou encore nous écoutons de la musique traditionnelle, pour nous familiariser avec sa culture, sa géographie, son histoire, ses habitants, etc. Puis nous nous mettons en route, nous allons sur le terrain, nous le parcourons, nous observons, nous rencontrons les habitants, nous entrons dans leur culture pour ressentir encore plus, et vraiment connaître le lieu.

La démarche est la même pour découvrir qui nous sommes !

Le pays à découvrir, c'est nous-mêmes et notre voyage sera riche d'expériences, de compréhensions, de prises de conscience, de bonheur...

C'est un voyage extraordinaire, un éclairage toujours plus grand, une renaissance qui nous apporte la joie de vivre que nous recherchons tous.

Il va nous montrer que les « ingrédients » du bonheur sont en nous, à travers la lecture et les explications, mais aussi et surtout à travers les exercices car *la sophrologie ne peut se concevoir sans l'expérience, sans le vécu.*

La pratique des exercices

Contenu des exercices

Nous allons dans ceux-ci, chercher à communiquer avec notre inconscient et dans cette perspective nous utiliserons son langage pour que nos messages soient reçus et enregistrés.

Nous aurons donc recours à l'imagination, aux images, aux symboles, etc., et à des mots simples, sans équivoque et très parlants, que nous n'hésiterons pas parfois *à répéter* pour que le langage reste toujours clair et que *nous n'ayons pas besoin de faire intervenir l'intellect et le rationnel.* En effet ils vous feraient quitter le niveau « alpha » de la relaxation, et l'exercice perdrait toute sa valeur symbolique et son efficacité.

Donc, ne soyez pas surpris par l'écriture des exercices qui n'est pas celle d'un texte ordinaire : les mots doivent se vivre, se ressentir pour entrer complètement dans la « mini » séance (c'est-à-dire l'exercice).

J'ai néanmoins réduit les répétitions le plus possible, car ici il s'agit de phrases qui sont écrites et que vous lisez, et dont la lecture doit restée fluide.

D'autre part, pour apporter un complément à ce livre, complément tout à fait facultatif puisqu'il se suffit à lui-même, j'ai mis au point et enregistré sur C.D. des séances guidées de sophrologie (d'environ 35 minutes chacune) qui reprennent les thèmes principaux de cet ouvrage. Elles peuvent permettre aux personnes qui n'ont jamais consulté de sophrologue de découvrir ce qu'est une séance guidée, et à tous ceux et celles qui s'y intéressent d'avoir un support à écouter pour pratiquer quotidiennement, en complément du livre.

La lecture des exercices

Lisez chacun d'eux une première fois, *lentement*, pour le situer.

Chaque étape est numérotée pour que la pratique soit plus aisée et que vous procédiez ainsi :

– Vous lisez le point n° 1 *très lentement, en vous intériorisant et en conscience.*

– Vous fermez les yeux pour *ressentir* ce qui est dit.

– *Vous prenez votre temps.*

– Puis vous ouvrez doucement les yeux, le moins possible pour ne pas sortir de la relaxation,

– et vous lisez le point n° 2 très lentement...

– Vous refermez les yeux, etc.

– Et vous procédez de même jusqu'au dernier point.

Refaites plusieurs fois un même exercice, car à chaque répétition vous irez un peu plus loin dans vos ressentis et vos compréhensions, ce qui vous permettra ensuite de le pratiquer de mémoire. Chaque exercice est un outil de transformation *dont vous allez vous servir souvent et longtemps.*

Voici comment vous installer pour pratiquer les exercices

Choisissez une pièce au calme dans votre maison où vous ne serez pas dérangé(e) et où vous vous sentez bien (pensez à débrancher votre téléphone).

Mettez-vous en condition, prenez ce moment pour vous et ne soyez pas pressé(e).

Pour les exercices allongés :

1 – Allongez-vous sur le dos, les jambes à plat (en plaçant éventuellement un coussin sous vos genoux si vous avez la sensation que votre dos « tire »).
2 – Les pointes de pieds sont dirigées naturellement vers l'extérieur, les bras le long du corps et les mains relâchées.
3 – Fermez les yeux.

Pour les exercices assis :

1 – Asseyez-vous en tailleur par terre ou sur un coussin, – ou bien sur une chaise – pieds bien à plat sur le sol et écartés de la largeur de votre bassin.
Dans les deux cas, veillez à placer votre dos et votre tête bien droits, sans tension, dans le même axe.
2 – Redressez votre bassin, baissez vos épaules et posez vos mains détendues sur vos cuisses.
Si vous ressentez le besoin d'appuyer votre dos, vérifiez que le bas de votre colonne vertébrale soit en contact avec le mur ou le dossier de la chaise.
4 – Fermez les yeux.

Partons à la découverte !

ENTRAÎNEMENT À LA DÉTENTE ET À LA RELAXATION

Les exercices sont toujours précédés d'une phase de détente physique et mentale. Elle est indispensable pour atteindre le niveau « sophroliminal » et pour ressentir l'efficacité de l'exercice. Le lire ou l'aborder superficiellement ne suffit pas car vous restez au niveau de l'intellect, c'est-à-dire privé(e) de l'expérience intérieure. La sophrologie se vit.

Vous pourrez vous en servir quotidiennement pour simplement vous détendre et notamment le soir pour mieux vous endormir ou pour avoir un sommeil de meilleure qualité.

Ce premier exercice est un peu long... mais très facile à retenir car il suit le corps.

Exercice n° 1

Détente des différentes parties du corps

1 – Je m'allonge confortablement, je ferme les yeux et je respire doucement en laissant mon corps, mes membres et ma tête au repos, dans le calme.

2 – Je prends conscience de ma respiration et lorsque je sens qu'elle est calme et régulière, je détends les différentes parties de mon corps, en plaçant ma conscience dans chacune d'elles (ce qui veut dire que je suis dans cette partie de mon corps et que je le sens se détendre):

3 – Visage – tête – cou
– Je détends:
- *le front*
- *les paupières*
- *les joues*
- *le bas du visage et je desserre les mâchoires*

– Puis je détends:
- *le cuir chevelu (du front vers la nuque)*
- *les oreilles*
- *la nuque, je relâche bien les muscles de chaque côté des vertèbres cervicales*
- *la gorge, comme si je la laissais devenir souple*

4 – Épaules et bras
– Je laisse la détente descendre vers mes épaules, et je relâche :
- *les épaules : je les laisse se baisser*
- *les bras*
- *les coudes*
- *les avant-bras*
- *les poignets et les mains, jusqu'au bout des doigts*

5 – Dos
– Je détends bien mon dos et les muscles de chaque côté de la colonne vertébrale, comme si je laissais mon dos s'enfoncer dans le matelas.
– J'expire longuement pour éliminer les tensions que je ressens dans mon dos.

6 – Bassin-fessiers-jambes
– Je détends maintenant :
- *les muscles autour du bassin, les muscles fessiers*
- *et les jambes en commençant par les cuisses, puis les genoux, les mollets, les chevilles et les pieds, jusqu'au bout des orteils...*

Je sens tout mon corps détendu et je le laisse se détendre encore plus profondément...

7 – <u>Pensée</u>
– Je détends ensuite dans ma tête:
- *je la sens agréablement légère,*
- *et j'imagine les pensées comme des ondes autour de moi qui s'éloignent de plus en plus loin... et disparaissent,*
- *le silence s'installe en moi, un silence reposant et agréable...*

8 – <u>Respiration</u>
– Je pense à ma respiration :
- *je prends conscience de son rythme, comme si elle me berçait,*
- *je sens que ma respiration accompagne ma détente.*

9 – <u>Écoute</u>
– Je suis dans le calme et je me mets à l'écoute de moi-même :
- *je prends conscience de ce qui se passe, de ce que je ressens à l'intérieur de moi, du bien-être, de la sérénité.*

10 – Puis lorsque je le souhaite, je reprends doucement conscience de la pièce dans laquelle je me trouve, je reprends conscience de mon corps, de mes membres et je remue doucement les pieds, les mains.

11 – Je fais quelques respirations profondes et j'ouvre les yeux.

Si vous ressentez des tensions intenses ou des douleurs à certains endroits de votre corps :

– imaginez que vous respirez dans la partie du corps concernée et ressentez-la se mouvoir doucement et légèrement.

– Puis sentez que ce mouvement respiratoire se propage dans tout votre corps et que celui-ci est solidaire de la partie tendue ou endolorie.

– Visualisez une couleur apaisante qui vous enveloppe et qui vous aide à relâcher et à vous détendre.

***

Prenez toujours votre temps pour « sortir » d'un exercice et faites en sorte de ne pas être dérangé(e) pendant son déroulement pour ne pas ramener brutalement la conscience là où vous vous trouvez. Cela créerait un choc intérieur et des tensions, car les niveaux de conscience sont des paliers qu'ils est important de descendre ou de monter progressivement.

Si cela arrivait, gardez votre posture, refermez les yeux et respirez en expirant longuement et régulièrement, jusqu'à ce que vous sentiez que tout est redevenu calme à l'intérieur.

***

Si vous êtes une personne très contractée, vous pouvez expérimenter l'exercice suivant, qui par un mouvement de contraction – relâchement, vous permettra de mieux ressentir ce que représente la détente.

Exercice nº 2

Contraction – Relâchement

1 – Je m'assieds sur le sol et je ferme les yeux.
2 – Je fais une pause intérieure, afin de prendre conscience de mon corps, de sa position immobile dans l'espace.
3 – Dans un premier temps, j'inspire et je contracte d'un seul coup tous les muscles de mon corps et de mon visage en ramenant mes membres contre moi et en serrant les poings.
4 – Dans un deuxième temps, j'expire et je relâche tout d'un seul coup.
5 – Je me mets à l'écoute de mon corps.

6 – Puis je respire en conscience de l'air que je sens passer dans mes narines et qui m'apporte de la légèreté dans tout mon être.
7 – Je fais cet exercice trois fois de suite en étant bien attentif(ve) à ce que je ressens.

8 – Pour finir, je m'allonge sur le sol, les yeux toujours fermés, et je me relâche complètement, comme si je m'enfonçais dans le matelas (ou le tapis).

9 – Je reste ainsi quelques instants, attentif(ve) à ma détente et à mon bien-être.

10 – Et doucement, je reprends conscience de mon environnement, comme j'ai l'habitude de le faire.

***

Voici une autre technique qui est celle de la respiration abdominale. Elle est très efficace pour éliminer toutes sortes de tensions et mal-être et pour débloquer le plexus solaire, centre des émotions, qui se trouve dans le ventre au-dessus du nombril. En cas d'émotions, il a tendance à se bloquer car l'énergie ne circule plus, et vous le ressentez souvent comme une boule dure au creux de l'estomac.

Exercice nº 3

Respiration abdominale et expiration des tensions

1 – Je m'allonge ou je m'assieds dans une bonne position, je ferme les yeux et je respire doucement.
2 – Je commence à laisser mon corps se détendre dans son ensemble.
3 – Puis je prends conscience du mouvement de ma respiration et je laisse toutes les autres pensées s'éloigner comme des ondes autour de moi, et disparaître.
4 – Je respire maintenant avec l'aide de mon ventre :
– il se gonfle à l'inspir,
– il se resserre à l'expir,
– je sens mon ventre massé par le mouvement.
Je prends mon temps pour m'habituer à cette respiration...
5 – Puis je prolonge le temps de mes expirations, (toujours en respirant avec le ventre),
6 – et j'imagine que j'élimine toutes mes tensions (sans les nommer précisément) dans l'air que j'expire par le nez et par tous les pores de ma peau,
7 – ainsi qu'un nuage sombre.
8 – J'expire ainsi plusieurs fois en me relâchant complètement.

> *9 – Je reviens à une respiration ordinaire,*
> *10 – et j'imagine tout autour de moi de la lumière blanche, symbole d'énergie pure.*
> *11 – Je l'inspire en l'imaginant comme une énergie apaisante que je fais circuler partout en moi.*
> *12 – Je sens le bien-être et l'harmonie qu'elle m'apporte.*
> *13 – Tout en gardant cette énergie en moi, je reprends lentement conscience de mon environnement, comme j'ai l'habitude de le faire.*

Plus vous vous entraînerez à ces exercices et plus vous atteindrez rapidement et efficacement l'état de relaxation.

L'OBSERVATION DES PENSÉES, L'ATTENTION ET LA CONCENTRATION

Pour nous connaître mieux, il est indispensable d'écouter ce qui se passe en nous, au niveau de nos pensées et de nos ressentis.

Alors, commençons par cet exercice d'observation qui va vous faire découvrir à quel rythme vont vos pensées.

Sa pratique ensuite vous aidera à prendre l'habitude de vous centrer sur une seule pensée à la fois... attitude qui vous permettra de vous retrouver avec vous-même.

Exercice nº 4

Observation des pensées

1 – Je m'assieds confortablement dans une bonne position et je ferme les yeux.
2 – Je respire doucement en imaginant et en sentant mon corps et sa position dans l'espace.

3 – Puis je prends conscience de ma respiration, de son rythme et de son mouvement dans mon thorax, et je fixe mon attention sur elle dans le relâchement.
4 – J'observe comment cela se passe.

5 – Quand une autre pensée se présente, je la reconnais simplement comme telle, en disant « pensée » en me relâchant et je ramène doucement mon attention sur ma respiration.

6 – Je prolonge ce moment aussi longtemps que je le souhaite.

7 – Pour terminer cet exercice, je reprends lentement conscience de la pièce dans laquelle je me trouve, de mon corps et je remue doucement mes pieds, mes mains.
8 – Je fais quelques respirations profondes et j'ouvre doucement les yeux.

Qu'avez-vous constaté en pratiquant cet exercice ?
Vous avez probablement remarqué que vos pensées, bien souvent, vous ont entraîné(e) loin de l'observation de votre respiration : une pensée surgit et vous voici entraîné(e) ailleurs ! Vous avez ainsi pu découvrir à quel

rythme les pensées vont et viennent, ce qui rend les moments de silence rares et courts, au début du moins.

Le calme intérieur, l'attention et la concentration s'acquièrent avec de l'entraînement, tout le monde en est capable et les moments dans la journée sont nombreux pour s'entraîner : où que nous soyons et quelle que soit notre occupation, nous pouvons penser et agir en conscience et vivre le moment présent pleinement. Cela donne un nouvel intérêt à nos tâches et à nos activités. Nous les effectuons plus complètement et plus joyeusement aussi. Au fur et à mesure de votre pratique, vous découvrirez les nombreux avantages et qualités de cette pratique : c'est un art de vivre !

Prenons quelques exemples.

1 – Lorsque nous prenons notre petit-déjeuner, soyons en conscience de nos gestes, de ce que nous buvons, de ce que nous mangeons, de la mastication des aliments, etc. Pensons que ce que nous absorbons nous nourrit parfaitement et harmonieusement, et lorsqu'une autre pensée se présente, comme peut-être le rendez-vous que nous allons avoir tout à l'heure, laissons-la partir et revenons doucement à ce qui nous occupe dans *le moment présent*.

Nous remarquons que si nous sommes attentifs à notre repas par exemple, nous découvrons d'autres saveurs, nous mangeons plus posément et généralement moins car les aliments nous nourrissent « autrement » : notre nourriture est donc plus complète. Nous pouvons ressentir aussi le besoin de manger des aliments plus sains pour notre santé, etc.

Ainsi nous respectons mieux notre organisme et le système digestif les assimile beaucoup mieux.

Faites l'expérience, et vous constaterez que cela

ramène un certain ordre au niveau alimentaire, très bénéfique pour la santé.

***

2 – Lorsque nous sommes en voiture, pensons à relâcher les tensions physiques et à être attentifs à la position de notre dos, de notre nuque, de notre bassin, de nos mains, de nos jambes, etc. Physiquement, c'est très reposant et plus sain, car les mauvaises postures en voiture déclenchent souvent des maux de dos. Quant aux pensées, c'est une formidable occasion pour leur apporter un peu de calme, car ce lieu est généralement propice aux conversations mentales sans fin !

L'attention n'est pas de la crispation, car elle se pratique dans le relâchement, pensons-y ! Ainsi lorsqu'une pensée se présente, laissons-la tout simplement repartir, comme si on la regardait continuer son chemin, sans en être agacés.

***

3 – Lorsque nous sommes dans les transports en commun, nous pouvons fixer notre attention sur notre respiration.

Le matin, nous pensons que l'air inspiré nous donne de la vigueur, de la bonne humeur, et cela nous permettra d'avoir une attitude plus sereine dans la journée.

Et le soir, nous imaginons que l'air expiré nous aide à éliminer notre fatigue et nous en ressentirons un mieux-être durant la soirée.

***

4 – Lorsque nous rentrons chez nous après une journée bien remplie, prenons quelques minutes, seuls, dans le calme et pratiquons un exercice de relaxation.

Nous en ressentirons de l'apaisement et une meilleure disponibilité car ce silence intérieur, même court, nous aura permis de faire une coupure dans le rythme que nous nous sommes imposé au cours de la journée et de passer à une autre séquence.

Mes propres occasions de devenir attentif(ve) et présent(e) à moi-même :

Cet entraînement quotidien nous aide à acquérir un certain calme au niveau mental et nous permet d'être davantage présents dans l'action et conscients de nos pensées qui gagnent ainsi en force et en puissance.

En sophrologie cette qualité est importante à développer car elle rend la pratique plus aisée et les résultats meilleurs et plus rapides.

Comme vous l'avez découvert à travers ces exemples, la vie quotidienne est faite d'occasions sans cesse renouvelées pour vous entraîner. Il suffit simplement d'y penser !

Pour vous y aider, collez par exemple des petits papiers de couleur dans des endroits où vous allez les voir, comme un rappel, un petit clin d'œil pour vous souvenir de faire une pause intérieure.

Nous nous apercevons qu'être en conscience de nos pensées et de nos actes, élargit notre regard et ouvre de nouvelles voies en nous : nous devenons *attentifs* à notre mode de fonctionnement intérieur, nous nous portons de *l'intérêt* puisque nous cherchons à aller mieux, nous prenons *soin* de nous puisque nous ne laissons pas n'importe quelles pensées aller et venir et créer des tensions. L'attention, l'intérêt, le soin... : des comportements qui montrent l'amour que nous nous portons et qui par conséquent satisfont nos besoins vitaux.

Nous les qualifions de « vitaux » car nous ne pouvons pas vivre sans les satisfaire.

L'être humain, de sa conception et jusqu'à sa mort, ne peut vivre sans aimer et être aimé.

Ce besoin est au centre de nous-mêmes et c'est à travers les paroles et le comportement des autres que nous mesurons leur amour pour nous. Cette quête provoque des souffrances intérieures sans fin car lorsque nous sentons que les autres nous aiment, nous sommes heureux, et lorsque nous croyons le contraire, nous sommes malheureux.

C'est notre dépendance et nos interprétations (nos croyances) qui crée notre mal-être.

Il semblerait logique alors que notre quête d'amour commence d'abord en nous !

En effet, si nous nous témoignons de l'amour à travers l'attention, l'intérêt, la bienveillance, l'estime, la reconnaissance, en nous acceptant tels que nous sommes, en nous comprenant, etc., nous allons être dans un grand bien-être, car c'est cela s'aimer.

Ce que nous cherchions à l'extérieur, nous pouvons commencer à nous le donner nous-mêmes et ainsi nous nous construisons, nous nous fortifions, nous nous remplissons de l'amour dont nous avons tant besoin pour exister et nous pouvons *véritablement* en donner aux autres (c'est-à-dire en donner sans attente et non pas comme moyen d'être aimé).

Prenons une image :

Au centre de celle-ci, il y a un soleil fait d'un cercle et de rayons qui viennent vers ce cercle, et qui l'alimentent en lumière, ainsi que d'autres qui partent du cercle et qui renvoient la lumière.

– Le cercle représente l'amour de soi.

– Les rayons qui viennent vers le cercle représentent nos besoins vitaux qui, lorsqu'ils sont satisfaits par nous-mêmes, remplissent le cercle d'amour.

– Les rayons qui en repartent représentent l'amour que nous puisons dans le cercle et que nous renvoyons aux autres.

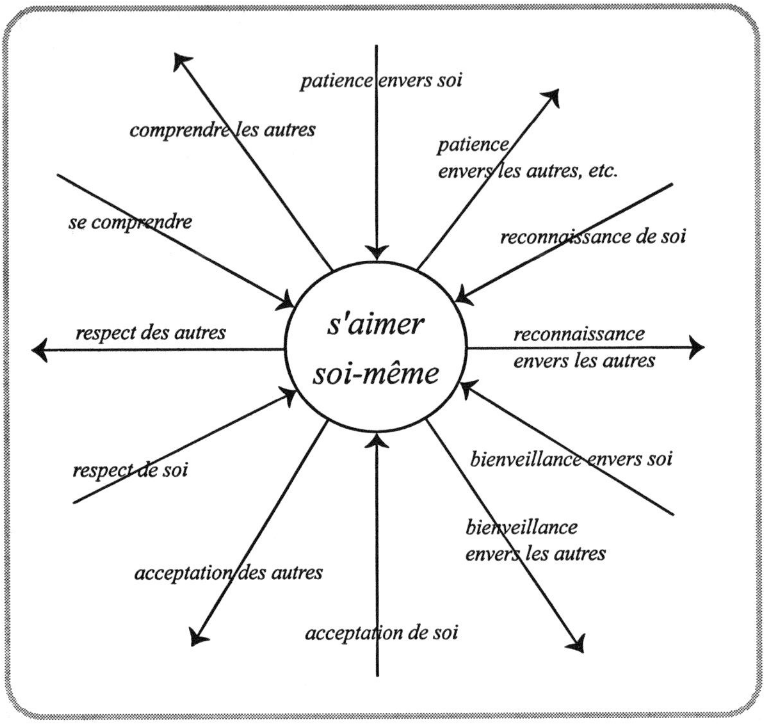

Cette compréhension est essentielle à notre transformation intérieure et à notre bonheur, et lorsque nous l'avons intégrée, elle change totalement notre regard sur nous-mêmes et sur les autres.

Pensez à la transformation du petit enfant : de l'état d'embryon, il devient fœtus, puis nourrisson, puis il continue à se fortifier et à grandir pour devenir adulte !

Il en est de même pour vous aujourd'hui : vous avez pris conscience de votre vie intérieure, vous sentez qu'il est devenu essentiel de vous comprendre, de trouver les réponses à vos questions, de vous transformer, de grandir et de vous aimer. L'embryon, le fœtus ou le nourrisson qui s'anime déjà en vous, commence à prendre de la force, et en vous nourrissant de lectures, d'observations, d'expériences intérieures et d'amour, vous lui permettez de grandir et de se transformer !

En un mot de vivre et de devenir un adulte harmonieux et joyeux.

Observation des états d'être et ressentis intérieurs

Vous avez observé l'état plus ou moins agité de vos pensées et vous avez probablement remarqué qu'il y avait pêle-mêle des pensées positives ou négatives. Et que selon leur nature elles entraînaient des ressentis différents.

Prenons un exemple :

– une pensée de joie apparaît et nous nous sentons gais, légers et pleins d'élan,

– une pensée de peur surgit et nous sentons instantanément notre cœur battre très fort. Nous sommes alors dans un mal-être intérieur plus ou moins grand, selon l'intensité de notre peur.

C'est donc la pensée qui a créé l'émotion et le ressenti, avec deux possibilités :

1/ la pensée est positive et elle engendre un ressenti positif,

2/ la pensée est négative et elle engendre un ressenti négatif.

Or si nous avons conscience de nos pensées, nous pouvons les maîtriser et ainsi neutraliser une pensée négative pour la transformer en pensée positive.

En pratiquant des exercices appropriés, vous allez apprendre à maîtriser vos pensées et émotions vécues négativement et vous allez découvrir que le positif se cache derrière chacune d'elles. Il s'agit en effet *d'adapter votre regard* pour le voir et vous en servir pour aller plus loin en vous. C'est de cette manière qu'il faut comprendre la transformation de vos pensées négatives en pensées positives.

Dans l'exercice n° 5, vous allez observer le chemin parcouru par une pensée *positive*, en faisant revenir un souvenir heureux. Vous pouvez pratiquer en position assise ou allongée.

Exercice n° 5

Une pensée de joie !

1 – Je suis installé(e) confortablement, je ferme les yeux et je respire doucement.
2 – Je me laisse glisser dans le calme intérieur et la détente.
3 – Je prends contact avec ma respiration que je sens de plus en plus légère et agréable.

4 – Puis je pense à un événement passé qui a été un moment de joie, de bonheur pour moi.
5 – Je laisse venir ce souvenir, les images du passé...
6 – J'observe ce que cela crée en moi... la joie ressentie dans mon cœur, ma sérénité, mon bonheur.

7 – Et je laisse venir sur mon visage un large sourire.
8 – Je reste ainsi quelques instants, attentif(ve) à ma joie intérieure et je l'imprime en moi.

9 – Lorsque je le souhaite, doucement je reprends conscience de la pièce dans laquelle je me trouve, de mon corps, je remue mes membres.
10 – Je respire profondément et j'ouvre doucement les yeux.

Observez votre attitude intérieure après cet exercice et sentez de quelle manière votre joie et votre sourire ont transformé vos comportements, votre élan et la communication avec les autres...

C'est une source de bien-être, de sérénité et de santé.

Dans votre vie quotidienne, pensez à amener ce sourire en vous. C'est une manière d'être attentif(ve) à vous et de vous aimer en vous apportant de la douceur. Vous mettez ainsi en place de nouvelles habitudes.

Il existe une façon très simple d'y penser : les petits papiers collants de couleur (toujours eux !) sur lesquels vous dessinez ceci :

- un cercle pour la tête,
- deux petits traits pour les yeux,
- et une ligne qui suit intérieurement le bas du cercle pour le grand et large sourire !

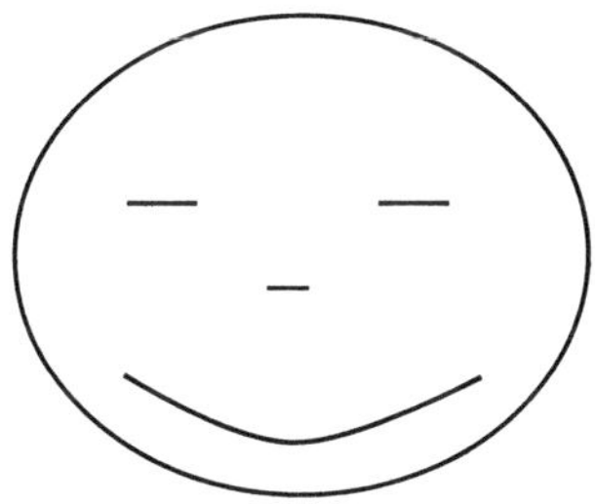

En les voyant, souriez-vous sincèrement et chaleureusement, et n'oubliez pas le matin au réveil, que ce soit votre première pensée !

Et puis, un sourire se partage avec les autres...

ÉTATS D'ÊTRE POSITIFS ET ÉTATS D'ÊTRE NÉGATIFS

Ils font partie de notre nature d'être humain pensant et conscient. Or ils ne sont pas sans conséquences pour nous, comme nous le savons.

Quelle est la tendance de vos pensées, aujourd'hui?

Si vous êtes dans un grand bien-être, vos pensées positives sont majoritaires.

Si vous ressentez un mal-être ou des tensions, ce sont vos pensées négatives trop nombreuses qui en sont la cause.

En vous centrant sur vos activités (repas, transports, etc.), vous êtes devenus plus présent(e) à vous-même. Je vous propose maintenant de devenir attentif(ve) à la nature de vos pensées et de vos émotions, attitude qui vous conduira à être moins désemparé(e) devant celles qui créent en vous des mal-être et des tensions.

Dans un premier temps, vous allez les regarder simplement, sans les analyser, accepter qu'elles soient encore là et éliminer les tensions qu'elles provoquent, pour vous en libérer.

Comprenez « accepter » non pas dans un sens passif, mais dans celui d'accueillir ce mal-être comme un signe pour comprendre la cause de vos pensées négatives.

L'exercice n° 6 est construit sur le même principe que le n° 3, c'est-à-dire la respiration abdominale, mais ici ce sera pour éliminer une tension précise que *vous êtes en train de ressentir*.

Cet acte est très important car vous devenez responsable en intervenant vous-même sur ce qui est dysharmonieux en vous. D'autre part, en pensant à éliminer une tension pour vous libérer, vous créez *un dérivatif* par rapport à la pensée négative (qui a provoqué les tensions), et par ce processus, vous vous centrez sur la pensée libératrice, qui elle est positive.

Ce dérivatif n'est pas là comme une histoire que vous vous racontez pour vous changer les idées, car ce n'est pas n'importe quel dérivatif! Celui-ci vous permet de *porter hors de vous* ce que vous ne désirez pas garder. C'est symboliquement très important.

L'encadré ci-dessous est destiné à vos notes personnelles: réflexions, questions, pensées positives, nouveaux comportements, transformation constatée, etc.

Il est suivi par l'exercice n° 6.

Notes personnelles :

Exercice nº 6

Élimination des pensées et émotions vécues négativement

1 – Je suis en train de penser ou de ressentir l'émotion.
2 – J'ai si possible les pieds bien en contact avec le sol,
3 – et je pratique la respiration abdominale en prolongeant le temps de mes expirations.
4 – Je décide en même temps d'éliminer cette pensée ou (et) cette émotion en l'expirant comme un nuage sombre que je fais sortir de moi par la plante de mes pieds.
5 – Plus j'expire, plus je me sens léger(ère), libéré(e) et apaisé(e)

6 – Je reprends ma respiration ordinaire.
7 – Et j'imagine tout autour de moi une lumière blanche et apaisante, symbole d'énergie de vie.
8 – Je l'inspire en la sentant réconfortante et puissante.

9 – En expirant je la diffuse dans tout mon corps que je sens rayonner et elle rétablit en moi l'harmonie et la confiance.

10 – Ayant retrouvé l'apaisement, je reprends le cours de mes activités... en pleine forme !

Selon l'intensité de vos émotions vous parviendrez plus ou moins facilement à éliminer les tensions de cette manière. Peut-être vous faut-il un peu plus de temps ?

Mais souvenez-vous que plus vous pratiquerez ces exercices, et mieux vous vous sentirez car vos émotions seront de moins en moins fortes.

Depuis des dizaines d'années, vous portez en vous certains messages négatifs bien ancrés, qui déterminent votre mode de fonctionnement actuel, il est donc nécessaire de les aborder à votre rythme, afin de ne pas créer de tensions supplémentaires.

***

Nous allons maintenant découvrir un exercice qui vous permettra de créer en vous l'image d'un lieu, symbole de calme.

Vous allez vous en servir chaque fois que vous aurez besoin de vous sentir apaisé(e) : soit parce que vous souhaitez faire une relaxation, soit parce que vous êtes en train de ressentir une émotion ou un mal-être.

Je vous recommande de vous entraîner de nombreuses fois à cet exercice dans le calme, chez vous, pour bien ancrer son information dans votre inconscient.

Ainsi chaque fois que vous en aurez besoin, il vous suffira de visualiser ce lieu pour qu'il vous « envoie » le ressenti correspondant, et vous pourrez vous en servir efficacement n'importe où, dans n'importe quelle situation et même en présence d'autres personnes.

Exercice nº 7

« Lieu de calme »

1 – Je m'allonge confortablement et je me détends en choisissant la manière qui me convient le mieux.

2 – J'imagine un endroit de nature, agréable et paisible, avec un lac tranquille. Tout dans ce lieu symbolise le calme : les reliefs sont doux, la végétation a des couleurs douces, la luminosité est idéale... Je m'y sens parfaitement bien.
3 – Je m'approche du lac en m'imprégnant de son calme.

4 – J'inspire le calme de ce lieu, et en expirant je le diffuse en moi, en prononçant mentalement et en conscience le mot « Calme » – je fais cela trois fois.

5 – Puis je dis lentement et mentalement, la phrase suivante, pour bien l'imprimer en moi :
« Chaque fois que j'imagine ce lieu, chaque fois je ressens immédiatement le calme, comme je le vis ici, en ce moment » – je dis cette phrase trois fois.
6 – Et maintenant, chaque fois que je prononcerai cette phrase, chaque fois je ressentirai immédiatement le calme en moi, comme je le vis ici, à cet instant...

7 – Je quitte ce lieu tout en le gardant en moi.
8 – Je reprends doucement conscience de mon environnement comme j'ai l'habitude de le faire.

Émotions et stress

Pour donner une définition du stress, regardons le dictionnaire Larousse : c'est, je cite « l'ensemble des perturbations organiques, psychiques, provoquées par des agents agresseurs variés comme le froid, une maladie infectieuse, une émotion, un choc chirurgical, etc. »

Nous allons prendre l'exemple d'une forme de stress assez spectaculaire pour bien comprendre son mécanisme : vous êtes en voiture, un véhicule s'arrête brusquement devant vous et vous freinez presque instantanément.

Que s'est-il passé ?

Vous avez reçu un choc et ressenti une forte émotion. Sous l'effet de ce choc, votre cerveau a tout « organisé », pour que votre réaction soit immédiate, et des substances hormonales sont alors sécrétées par les glandes surrénales, comme l'adrénaline qui par son message vous fait réagir à l'urgence de la situation en apportant au sang ce dont il a besoin à ce moment-là (augmentation du taux de sucre et de la puissance musculaire, etc.).

Sous l'effet du choc, tout l'organisme est solidaire et le cerveau, dans cet instant précis, bloque ses autres fonctions et l'énergie est concentrée dans l'urgence pour permettre au corps de réagir vite et d'en avoir les capacités – sans que vous ayez besoin d'intervenir consciemment.

Heureusement, ces émotions-chocs sont peu fréquentes. Par contre il est un autre stress, beaucoup moins spectaculaire, mais pourtant plus grave, qui est le stress vécu presque quotidiennement pour certains, et qui s'installe comme une habitude.

Nous ne le ressentons pas aussi fortement dans notre corps que lors d'un choc, mais nos glandes néanmoins sécrètent des hormones qui finissent par polluer notre organisme, qui ne peut plus les éliminer à cause de la fréquence du stress. Sa répétition quasi quotidienne entraîne tous les désagréments physiques et physiologiques que l'on connaît : respiration étroite (cause principale d'une mauvaise oxygénation du sang avec ses conséquences), problèmes digestifs, migraines, constipation, etc.

Mais n'oublions pas que ce sont nos pensées et émotions vécues négativement qui sont à l'origine de ce stress, et que par conséquent, en les comprenant et en les transformant, nous l'éliminons progressivement pour retrouver joie et bien-être.

Ce nouvel état donne une autre information au cerveau qui dans ce cas précis déclenche la sécrétion d'autres hormones, comme les endorphines que l'on appelle également « molécules du bonheur » et qui sont source d'épanouissement et de santé.

D'OÙ VIENNENT LES ÉMOTIONS ?

Plus nous devenons conscients de notre mode de fonctionnement, plus nous avons besoin de comprendre comment se sont installés les messages inconscients qui créent nos émotions.

Un être humain a un cerveau qui schématiquement est constitué de deux hémisphères : le droit et le gauche.

– Le cerveau gauche qui correspond au conscient rationnel et logique qui raisonne et analyse,

– et le cerveau droit, qui correspond à l'inconscient irrationnel, émotionnel, intuitif et créatif.

En voici un croquis très simple (page suivante).

LOCALISATION DES HÉMISPHÈRES DU CERVEAU

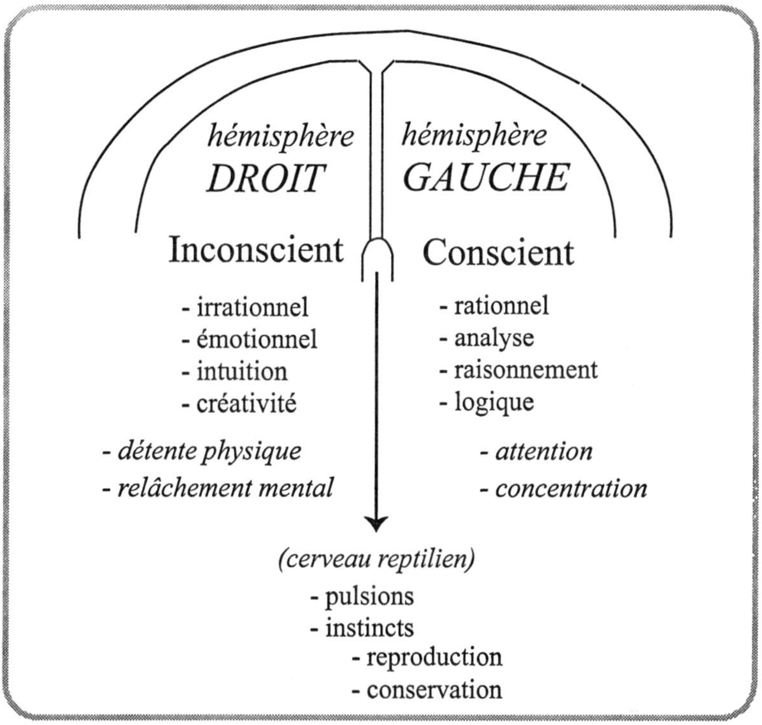

En observant les fonctions de chacun des deux hémisphères de notre cerveau, nous comprenons que dans notre civilisation et notre culture où tout est fondé sur le rationnel, on nous entraîne dès notre plus jeune âge à privilégier la «pensée-cerveau-gauche» rationnelle, négligeant totalement le cerveau droit créatif, imaginatif et intuitif.

Or en ne se servant pas ou très peu de ce dernier, toute une partie de nous-mêmes nous échappe, créant en nous un déséquilibre. Les deux cerveaux n'ont pas les mêmes fonctions ni le même langage, mais ils sont complémentaires et contribuent ensembles à notre équilibre et à notre harmonie. *Il est donc indispensable de penser avec les deux* et de les connaître !

Tout ce que nous avons vécu émotionnellement dans l'enfance s'est inscrit côté droit et *détermine la manière dont nous allons vivre notre vie d'adulte.*

Pourquoi devrions-nous « couper les ponts » avec le cerveau droit vers l'âge de sept ans pour basculer vers le gauche et ne voir que par lui ? Nous savons que les jeunes enfants jusqu'à cet âge fonctionnent en relation avec le cerveau droit pendant que le gauche se développe lentement. Dans notre culture, la plupart des adultes sont très pressés et obligent l'enfant à sortir de son monde avec précipitation, et sans compréhension de ce qu'il est capable d'intégrer. Nos enfants le vivent souvent assez difficilement... avec tout ce que cela peut engendrer pour leur vie future.

Voici concrètement ce qui se produit lorsque nous privilégions le cerveau gauche.

Prenons un exemple : imaginez que vous ayez le désir d'avoir un enfant et que vous n'y parveniez pas. Vous faites toutes sortes d'examens et rien anatomiquement ni physiologiquement ne paraît vous empêcher de concevoir un bébé.

Vous ne comprenez pas pourquoi vous n'aboutissez pas. En effet vous avez un désir sincère et fort émis par votre cerveau gauche conscient et rationnel.

Mais que dit le droit ?

Vous ne vous êtes peut-être pas posé la question, ne sachant pas que les deux hémisphères du cerveau interviennent *ensemble* dans l'aboutissement de votre désir.

Or il est probable que votre inconscient porte en lui une information qui dit « non » à la conception d'un enfant.

C'est en cherchant à connaître l'origine de ce message (accompagné(e) par un(e) thérapeute) que vous allez comprendre pourquoi inconsciemment il y a un refus de concevoir un enfant, et ensuite connaissant la cause, vous pourrez faire le travail intérieur nécessaire pour transformer ce message, et plus rien alors ne vous empêchera d'aboutir et de réaliser votre désir.

Notre cerveau droit est émotionnel, et lorsque nous sommes dans une émotion, c'est lui qui fait resurgir quelque chose que nous devons voir comme un signe, qui est là pour nous mettre sur la voie de ce que nous avons à comprendre !

Il faut alors nous en servir pour aller faire connaissance avec nous-mêmes un peu plus profondément. C'est ainsi que nous transformons une pensée : en nous servant positivement de ce qui nous est montré et non en disant que nous n'avons pas de chance.

Se masquer les yeux et se boucher les oreilles ne font qu'augmenter les tensions intérieures. Ignorer ou rejeter l'émotion ou le mal-être en faisant intervenir le cerveau gauche rationnel et en utilisant son langage comme le raisonnement par exemple, ne changent rien car le droit ne peut pas l'entendre.

Par contre en sachant comment fonctionne notre cerveau dans son ensemble, nous allons penser avec le gauche de manière à ce que le droit « entende »... et nous allons enfin pouvoir communiquer consciemment !

Prenons un exemple.

Vous pensez que vous n'êtes pas capable de réussir. Or vous n'avez pas vraiment de preuves pour affirmer que vous êtes totalement incapable, mais c'est ainsi et vous dites volontiers « c'est plus fort que moi ».

Ce qui est « plus fort que vous » c'est votre cerveau droit émotionnel et inconscient, car vous ne connaissez pas le contenu de ses informations, donc vous ne le maîtrisez pas et il est donc le plus fort.

Si votre cerveau gauche rationnel intervient, vous allez vous raisonner et vous dire par exemple :

« Tu es ridicule, tu n'as pas de raison de te sentir incapable... allez vas-y. »

Votre cerveau droit, lui, n'a rien entendu et votre comportement ne change pas.

Vous allez donc l'aborder en utilisant son langage à l'aide de votre imagination, avec des images, des symboles, des pensées illustrées et ressenties. Vous pourrez ainsi faire passer un message différent et ouvrir un nouveau mode de fonctionnement en vous.

Lorsque nous comprenons l'origine de nos émotions et la manière dont elles se sont installées, nous pouvons mieux accepter ce qui est dysharmonieux en nous, et ensuite mieux travailler à notre transformation intérieure.

À l'origine, il y a le petit enfant que nous étions, et dont *les émotions et les croyances sont toujours inscrites en nous*... L'inconscient est un vaste réservoir de souvenirs, de croyances, une mémoire contenant tous les messages qui nous ont « marqués » émotionnellement.

Quelles sont ces croyances ?
et pourquoi se trouvent-ils dans l'inconscient ?

Imaginez le monde du petit enfant :

D'une part, comme nous l'avons dit, il est davantage dans l'irrationnel et l'émotionnel (cerveau droit) qui lui donnent cette sensibilité si grande. D'autre part, il est totalement dépendant pour sa survie, de l'amour de son père et de sa mère, avec tout ce que cela comporte, c'est-à-dire faire en sorte d'être aimé de toutes les manières possibles pour lui.

Ainsi le petit enfant se construit intérieurement par rapport à ce qu'il <u>*croit*</u> *comprendre, avec sa sensibilité et sa logique de tout-petit et à travers l'attitude et le langage de ses parents vis-à-vis de lui.*

Ainsi ses croyances s'installent par rapport à ce qu'il ressent, à ce qu'il voit, et à ce qu'on lui dit ou qu'on ne lui dit pas, et qui le touchent émotionnellement.

Le petit enfant ne peut pas anticiper sur le futur comme le fait l'adulte, cela le place également dans cette dépendance émotionnelle. Il est prêt à tout pour être aimé, pour être ce que ses parents attendent de lui...

Il est prêt à s'oublier lui-même pour être reconnu par ceux-ci, pour être celui que ses parents souhaitent...

Tout ceci s'installe chez le tout-petit dès sa conception, car déjà pendant la période de la vie intra-utérine il est dépendant pour sa survie de l'attention et de l'amour de son père et de sa mère, il a des émotions et ressent ce qui se passe. Ses croyances sur lui-même commencent dès sa conception (cette notion est relativement récente en sophrologie).

Prenons des exemples qui illustrent cette dépendance émotionnelle chez l'enfant :

Anaïs ne va plus pleurer ou Thierry ne va plus manifester sa colère, donc ils ne vont plus exprimer leurs émotions, car leurs parents ne leur permettent pas de le faire, ou leur disent des choses comme : « je ne t'aime plus quand tu pleures » ou « comme tu es vilain quand tu es en colère ».

Ces émotions sont néanmoins là et elles s'accumulent : *elles sont refoulées dans l'inconscient*, puisque l'enfant ne se donne pas le droit de les exprimer, mais elles sont présentes en lui et resurgissent de manière plus ou moins intense, tout au long de sa vie.

Claude ressent qu'il déçoit son père quand il pleure et peut décider : « je ne pleure pas, je n'exprime pas mes émotions et je montre ainsi que je suis fort ».

Ce qui pour lui veut dire : « si je montre que je suis fort, Papa va m'aimer ».

Et il va jouer ce rôle, enfant, adolescent et adulte, et jusqu'à la fin de ses jours s'il n'en prend pas conscience : cela veut dire que Claude va lutter intérieurement toute sa vie pour toujours se montrer fort – inconsciemment pour ne pas décevoir son père – car même adulte, il est toujours dans l'émotion du petit enfant face à l'exigence de son père.

Il ne comprend pas son comportement qui crée en lui un grand mal-être car le fait de se composer un rôle extérieur, crée les conflits intérieurs et les tensions qui peuvent être douloureux.

Mais lorsque nous prenons conscience de tout cela et que nous comprenons ce qui se joue en nous, c'est un monde qui s'ouvre à nous, un éclairage sur notre vie qui nous permet véritablement de *renaître à nous-mêmes* !

Notes personnelles :

Voici un exercice qui va vous permettre d'expérimenter et de sentir la manière dont chacun des deux hémisphères de votre cerveau fonctionne.

Vous allez choisir une pensée positive qui correspond à ce que vous souhaitez transformer en vous et pour que l'énoncé de l'exercice soit clair, je vous propose la pensée positive suivante :

« j'ai de la valeur »

(ce qui signifierait dans cet exemple, qu'aujourd'hui vous vous sentez inintéressant(e) et sans valeur.)

Pour formuler votre phrase, *veillez à utiliser des termes positifs* : si par exemple vous vous sentez angoissé(e) et inquiet(ète), ne dites pas « je n'ai pas peur ou je ne suis plus inquiet(ète) », mais dites « j'ai confiance en moi » ou « je suis dans une grande tranquillité d'esprit ».

Voici comment va se dérouler l'exercice : premièrement, cette phrase positive sera dite mentalement avec « tu » – en sollicitant le côté gauche, puis le côté droit de votre cerveau : *« tu as de la valeur »*.

Puis deuxièmement, la phrase sera dite avec « je » – en sollicitant le côté gauche, puis le côté droit de votre cerveau : *« j'ai de la valeur »*.

Pour réaliser cet exercice, vous allez penser, c'est-à-dire vous centrer sur votre cerveau gauche, *puis* sur votre cerveau droit : cela veut dire que la phrase que vous allez dire mentalement va être *entendue par un côté du cerveau et une oreille à la fois*.

(Pour vous centrer d'un seul côté à la fois plus facilement, vous pouvez toucher légèrement l'arrière de votre tête avec votre main.)

La manière dont vous allez *entendre* et *ressentir* dans l'exercice, a un rapport direct avec ce que vous avez interprété et enregistré émotionnellement et inconsciemment dans votre enfance.

Par exemple, si vous croyez inconsciemment que votre père ne reconnaît pas vos capacités, ni la valeur de ce que vous dites, vous allez avoir quelques difficultés à entendre « tu as de la valeur » avec votre cerveau droit.

Dans l'exercice n° 8 personnalisé, qui vient à la suite de celui-ci, complétez avec votre propre phrase positive.

Exercice n° 8

Entendre avec les deux cerveaux

1 – Je m'assieds ou je m'allonge confortablement et je me détends comme j'ai l'habitude de le faire.

2 – ***« tu »***

Cerveau Gauche	*Cerveau Droit*
Je dis : « (je cite mon prénom), **tu** as de la valeur » *... et j'observe comment j'entends, et ce qui se passe en moi.*	*Puis je dis :* « (je cite mon prénom), **tu** as de la valeur » *... et j'observe comment j'entends, et ce qui se passe en moi.*

3 – ***« je »***

Cerveau Gauche	*Cerveau Droit*
Je dis : « **moi**, (mon prénom), **j**'ai de la valeur » *... et j'observe comment j'entends, et ce qui se passe en moi.*	*Puis je dis :* « **moi**, (mon prénom), **j**'ai de la valeur » *... et j'observe comment j'entends, et ce qui se passe en moi.*

4 – Je note la différence de ressentis.

5 – Je reprends doucement conscience de mon environnement comme j'ai l'habitude de le faire.

Exercice nº 8 (personnalisé)

Entendre avec les deux cerveaux

1 – Je m'assieds ou je m'allonge confortablement et je me détends comme j'ai l'habitude de le faire.

2 – ***« tu »***

Cerveau Gauche	*Cerveau Droit*
Je dis : « (je cite mon prénom), tu .... » *... et j'observe comment j'entends, et ce qui se passe en moi.*	*Puis je dis :* « (je cite mon prénom), tu .... » *... et j'observe comment j'entends, et ce qui se passe en moi.*

3 – ***« je »***

Cerveau Gauche	*Cerveau Droit*
Je dis : « **moi**, (mon prénom), **j'**ai................................ .... » *... et j'observe comment j'entends, et ce qui se passe en moi.*	*Puis je dis :* « **moi**, (mon prénom), **j'**ai................................ .... » *... et j'observe comment j'entends, et ce qui se passe en moi.*

4 – Je note la différence de ressentis.

5 – Je reprends doucement conscience de mon environnement comme j'ai l'habitude de le faire.

Il est intéressant de noter la différence de ressentis côté gauche – côté droit du cerveau.

Le message parental est donné avec le « tu », comme si vous étiez enfant et que votre père et (ou) votre mère soient en train de vous dire : « (votre prénom), tu as de la valeur ».

S'il a été enregistré en positif, votre besoin vital est satisfait, donc vous entendez bien et vous en ressentez de la joie.

S'il a été enregistré en négatif, vous entendez mal, voire pas du tout et vous ressentez un mal-être car votre besoin n'est pas satisfait.

Avec le « je » vous vérifiez si le message est ancré ou non en positif en vous.

L'EXPRESSION DES ÉMOTIONS

La manifestation des émotions

Tout être humain a des émotions qui font partie de sa nature et du mouvement naturel de la vie. Nous pouvons les considérer comme des signes qui nous renseignent sur ce que nous avons à comprendre et à transformer en nous : elles sont donc un moyen de connaissance de nous-mêmes.

Le mot *« émotion »* peut se décomposer en 2 parties :

- *« é »* : vers l'extérieur
- *et « motion »* : mouvement

L'émotion est donc un mouvement (ressenti à l'intérieur de soi) qu'il est naturel de porter vers l'extérieur, il est donc vital de l'exprimer.

Or, la plupart du temps, et dès sa conception, on ne donne pas au petit enfant la possibilité ou le droit d'exprimer ses émotions, parce qu'on ne l'écoute pas vraiment et qu'on ne le comprend pas. Elles sont alors refoulées dans l'inconscient et ne font ensuite que *se manifester négativement*, mais elles *ne sont pas négatives.*

En effet, si nous ne ressentions pas dans notre corps une émotion qui cherche à s'exprimer, toute une partie de nous-mêmes nous échapperait. Car *c'est le ressenti émotionnel dans notre corps, qui porte à notre conscience ce qui se manifeste dans notre inconscient.*

Prenons un exemple :

Le responsable de l'entreprise dans laquelle travaille Jacques, lui dit que le rapport qu'il vient de lui remettre ne lui convient pas, que cela ne correspond pas à ce qu'il attendait.

Si inconsciemment Jacques a intégré le message suivant : « tu n'es pas capable de réussir » – message qui s'est inscrit dans la période de sa vie intra-utérine et de son enfance, il va immédiatement ressentir l'émotion correspondante de colère ou de découragement, pensant de lui qu'il est incapable ou incompétent. Mais en réalité, il ne fait que *se reconfirmer sa croyance* d'incapacité, car cette personne ne lui dit pas qu'il est incapable, elle lui dit seulement que cela ne lui convient pas *à elle*, c'est tout à fait différent. Cela n'a donc rien à voir avec les capacités de Jacques. Mais lui, interprète les paroles de son responsable à travers ce qu'il croit inconsciemment. Par conséquent il manque de confiance en lui et il a toujours peur de ne pas satisfaire les autres.

De par sa croyance, son besoin vital de se sentir reconnu dans ses capacités n'est donc pas satisfait et il en ressent un grand mal-être.

Cette personne ne fait que déclencher en lui une émotion qui est là comme un signe pour lui montrer ce qu'il a à comprendre. La première personne qui doit sentir ses capacités et avoir confiance en lui, c'est Jacques lui-même, car ainsi il satisfait son propre besoin d'être reconnu et cherche plus uniquement à le faire à l'extérieur de lui, et son conflit disparaît.

Jacques, petit enfant, a probablement cru comprendre que son père et (ou) sa mère ne reconnaissaient pas ses capacités. Peut-être parce qu'ils n'avaient pas l'habitude de reconnaître ses réussites ou de le féliciter, ou qu'ils lui demandaient beaucoup trop (dans leur désir de le voir réussir). Ses parents bien sûr ignoraient que Jacques était en train d'en déduire qu'il n'était « bon à rien », et que cette croyance allait le suivre toute sa vie (s'il n'y remédiait pas).

***

Pour terminer avec cet exemple, imaginons maintenant que Jacques n'ait pas de message inconscient négatif concernant ses capacités : ce que lui dit son responsable le laisse neutre, et il comprend qu'il attendait tout simplement autre chose et que cela ne lui convient pas *à lui.* Peut-être s'étaient-ils simplement mal compris ? Il ne remet pas en question ses capacités et garde sa sérénité, et va même pouvoir se mettre davantage à l'écoute de l'autre personne.

En comprenant notre fonctionnement émotionnel (commun à tous les êtres humains), nous pouvons donc améliorer la communication avec les autres :

– Nous nous comprenons mieux nous-mêmes, donc *nous comprenons mieux les autres* puisque nous avons pris conscience que nous nous exprimions et agissions tous à travers le filtre de nos émotions.

– Nous réalisons que *nous avons tous les mêmes besoins vitaux* d'être reconnus, respectés, etc., donc d'être aimés, et que nous cherchons tous à les satisfaire, chacun à notre manière. Ayant compris cela nous pouvons aider les autres en leur montrant que nous sommes tous différents et que chacun a sa valeur propre.

– Nous nous apercevons que *nous avons besoin des autres pour découvrir nos propres émotions*, car ce sont eux qui les déclenchent en nous. Nous sommes donc là pour nous aider les uns les autres à « grandir ». Alors il ne sert à rien de les rejeter ou de leur en vouloir en croyant qu'ils sont la cause de nos mal-être et de nos souffrances : la cause est en nous !

Comment exprimer nos émotions positivement

Lorsque l'émotion est là, que nous l'avons reconnue, il s'agit de la porter hors de nous de façon positive afin qu'elle suive son cours naturel.

Reprenons l'exemple de Jacques.

Aujourd'hui, il a pris conscience de la manière dont fonctionne son cerveau droit, et il va se donner les moyens de transformer sa croyance en commençant par exprimer son émotion le plus en conscience possible, en ressentant bien chaque mot.

Comment va-t-il faire ?

1 – Il prend conscience de son émotion.

2 – Il se recentre en pensant immédiatement que c'est le petit enfant en lui qui est dans l'émotion, et que lui ne fait que recontacter sa croyance.

3 – Il se place mentalement dans son lieu de calme pour se sentir apaisé.

(Cet exercice est efficace et rapide si vous le maîtrisez bien.)

Je peux alors exprimer mon émotion :
« Lorsqu'il me dit que..., etc. »

4 – Et il se dit intérieurement :
– « *lorsque cette personne me dit que... ce que j'ai fait ne lui convient pas,*
– *moi je recontacte la croyance du petit enfant que j'étais, ainsi que son émotion,*
– *car il a besoin de se sentir reconnu dans ce qu'il fait et moi aussi aujourd'hui.* »

Notez dans l'encadré ci-dessous l'expression de vos propres émotions à libérer :

– *lorsque cette personne me dit que*............................
....
– *moi je recontacte la croyance du petit enfant que j'étais, ainsi son émotion,*
– *car il a besoin de se sentir*..
....
et moi aussi aujourd'hui

Le simple fait de reconnaître ce qui se passe en nous en prononçant cette phrase et d'éliminer les tensions, nous fait faire un grand pas vers l'intérêt et l'amour que nous nous portons. Nous nous mettons ainsi vraiment à l'écoute du petit enfant que nous étions, donc de nous-mêmes et de nos besoins. Nous allons découvrir dans le paragraphe suivant comment effectivement les satisfaire.

Si d'autre part nous sommes en présence de nos proches, famille, compagnon, compagne ou enfants, il peut être enrichissant de nous exprimer à haute voix pour dire notre émotion. Ce sera un moyen de nous connaître mieux les uns les autres, donc d'améliorer la communication.

À haute voix, nous nous adressons donc directement à la personne et nous disons :

> – *lorsque tu me dis que* ....
> ....
>
> – *moi je recontacte la croyance du petit enfant que j'étais, ainsi son émotion,*
>
> – *car il a besoin de se sentir*...
> ....
> *et moi aussi aujourd'hui*

Expression et restructuration

Plus tard, seuls et au calme, nous continuons ce travail intérieur *en restructurant*, c'est-à-dire en installant dans notre inconscient l'image et le ressenti de la satisfaction de notre besoin d'être aimé et du message positif correspondant.

En effet, l'expression puis la restructuration sont indissociables.

Exprimer sans restructurer reviendrait à dire que nous n'apportons rien à notre inconscient, en remplacement de l'ancien message. Or il est indispensable de créer de nouveaux circuits de fonctionnement pour fortifier ce que nous avons commencé à faire en exprimant notre émotion.

L'exercice n° 9 va vous permettre de le faire. Il demande quelques compléments d'informations, et se trouve pour cette raison en fin de chapitre afin que nous ne rompions pas le fil des explications commencées ici.

Le petit enfant que nous étions

Après cet exercice, et toujours seuls et au calme, nous pensons au petit enfant que nous étions. Nous allons à sa rencontre et lui parlons, lui expliquons, lui montrons, grâce à ce que nous avons compris, nous, l'adulte que nous sommes aujourd'hui, que ce qu'il croit n'est pas la réalité.

Nous l'aidons ainsi à « grandir » et devenons complice du petit enfant transformé en nous, pour aller tous les deux ensembles vers notre réussite et notre bonheur !

L'exercice n° 10 va vous donner la marche à suivre pour expérimenter ce dernier point. Il se trouve également en fin de chapitre.

Expression consciente et évolution

Exprimer nos émotions, pour aller plus loin vers la connaissance de nous-mêmes fait partie en quelque sorte de notre « programme d'évolution ».

Comme un fruit qui pourrirait de l'intérieur, sans qu'on s'en aperçoive, nous finirions par nous détruire complètement si nous n'exprimions pas nos émotions pour nous en libérer. Or il y a en chacun de nous une « soupape de sécurité » qui est là pour les laisser s'échapper quand vraiment il y a trop de tensions !... mais pas toujours de la manière la plus harmonieuse, ni la plus constructive, nous en faisons l'expérience de temps à autre.

En effet, il y a deux possibilités de les exprimer : ou bien nous n'avons pas conscience de notre mode de fonctionnement, et nous exprimons nos émotions sous l'effet des tensions, et souvent avec agressivité et violence, parce que notre mal-être est grand, et que nous ne maîtrisons pas ce que nous ne connaissons pas. Ou bien nous avons conscience de notre fonctionnement et nous prenons le temps de nous recentrer et de nous apaiser. Là notre expression est constructive et ouvre la porte à la communication, alors que la précédente y fait obstacle.

Notre transformation et notre évolution passent par la connaissance de ce qui est refoulé dans notre inconscient.

Complément d'informations pour l'exercice n° 9

Au cours des différents exercices que nous avons expérimentés, nous avons utilisé la visualisation. Elle fait appel à l'imagination, à l'imagerie mentale (comme par exemple la lumière blanche, symbole d'énergie de vie).

En sophrologie, elle représente un outil de transformation utile et efficace, et nous allons nous en servir ici pour restructurer notre message intérieur, en installant les informations nécessaires à la satisfaction de nos besoins.

La visualisation trouve son efficacité dans la capacité de notre cerveau à réagir de la même façon à ce qui lui est suggéré par l'imagination ou à ce qui est vécu réellement.

Voici une façon simple de le vérifier par...

La visualisation d'un citron !

– Je m'assieds, je ferme les yeux et je respire doucement pour ressentir le calme.
– J'imagine ensuite une corbeille de fruits sur une table non loin de moi et des fruits magnifiques qui offrent à mon regard ou (et) à mon ressenti des couleurs resplendissantes et lumineuses...
– Je suis attiré(e) par un citron bien jaune que je saisis dans ma main.
– Non loin de là je vois un couteau, je le prends et je coupe le citron en deux.
– Je vois le jus apparaître, je le presse et le sens couler doucement dans ma bouche.
– J'observe ce que cela produit en moi...
– Je repose le citron.
– J'ouvre doucement les yeux.

Que s'est-il passé lorsque vous avez imaginé le jus du citron coulant dans votre bouche ?

Votre cerveau a déclenché le fonctionnement de vos glandes salivaires pour préparer la digestion du citron, par la seule vue et la seule sensation, *en imagination*, d'un jus de citron ! Donc votre corps a produit ce que vous avez suggéré à votre cerveau par la pensée et la visualisation.

Lorsque vous visualisez votre lieu de calme, il en est de même : votre cerveau déclenche immédiatement dans votre corps la sensation d'apaisement et de calme (parce qu'au cours de vos exercices le message a été enregistré dans votre cerveau droit inconscient).

La visualisation n'est pas un vague rêve sans force. Examinons la différence entre visualisation et rêve.

La visualisation

– Pour qu'elle soit efficace, nous nous adressons à notre cerveau droit et nous sommes donc en état de relaxation, ou du moins dans un état paisible et réceptif.

– Elle fonctionne avec l'imagination, la pensée et le ressenti qu'ici nous guidons en nous avec confiance et détermination (puisque nous souhaitons installer un message positif) :

nous visualisons notre transformation, nous la vivons dans notre tête (par la pensée) et dans notre corps (par le ressenti) comme si nous étions dans la réalité, et nous avons confiance en nous et en nos capacités de réussir.

– Notre cerveau droit, ayant reçu cette information, nous donne le ressenti correspondant, qui peut-être de la joie, de la réjouissance, du réconfort, de la satisfaction, etc.

En répétant l'exercice le plus souvent possible, nous imprimons en nous notre comportement transformé.

– La visualisation ainsi vécue nous donne de l'élan, du courage et de l'allégresse.

Le rêve

– Il est lointain et paraît inaccessible car nous n'y croyons pas, et il fait naître par conséquent un certain découragement.

En effet, nous continuons à nous laisser envahir par les pensées négatives et ne cherchons pas à comprendre pourquoi elles sont là.

– Nous ne décidons pas d'aboutir et restons passifs, sans élan.

***

Dans tous les exercices de visualisation, il est important de :

– *Toujours visualiser et parler au présent* comme si vous étiez en train de vivre la situation réellement.

– *Toujours utiliser des phrases ou des mots positifs.* Par exemple : « je suis dans une grande tranquillité d'esprit », « je suis apaisé(e) et rempli(e) de courage », etc., et non pas : « je n'ai plus peur ».

– *Toujours faire des phrases claires et précises* en utilisant des mots simples et sans équivoque.

Pour être efficace, la visualisation doit être répétée très souvent, c'est un entraînement. Comme le sportif qui s'entraîne physiquement, vous entraînez votre cerveau en lui donnant de nouveaux circuits de fonctionnement afin qu'ils prennent plus de force que les anciens.

Nous sommes pour la plupart, ligotés par nos états d'être négatifs, et ne savons comment nous en libérer, alors que par nature nous sommes des êtres pensants et que nous pouvons diriger nos propres pensées, donc créer en nous l'état d'être positif, juste et idéal pour nous.

Le bonheur est là, dans la découverte de notre potentiel intérieur et créatif, et non pas à l'extérieur de nous.

Je vous propose à présent de vous préparer à l'exercice n° 9 en pensant au besoin vital que vous souhaitez satisfaire en vous. Pour la clarté du déroulement de l'exercice, nous allons en choisir un : « avoir de l'intérêt », et vous l'adapterez ensuite à vous-même.

Un autre encadré après celui-ci vous laissera la possibilité de compléter avec vos propres phrases.

Exercice n° 9

Visualisation de la transformation positive

1 – Je suis parfaitement détendu(e), les yeux fermés.
2 – Je pense à mon besoin: « avoir de l'intérêt, être reconnu(e) dans ce que je dis et ce que je fais ».
3 – J'imagine une situation de la vie quotidienne où je suis intéressant(e) et reconnu(e):

- *Je me vois en train de parler,*
- *et je me sens parfaitement à mon aise.*
- *Je vois les autres qui apprécient mon intervention.*
- *Je les entends me dire leur satisfaction.*
- *Je ressens dans mon cœur une grande joie et dans mon corps une grande plénitude.*

4 – J'associe l'image de moi-même : calme, intéressant(e), reconnu(e) et heureux(se), avec un soleil qui rayonne en moi et tout autour de moi.
5 – J'imprime bien ce nouveau message en moi.
6 – Je reprends doucement conscience de mon environnement.

Exercice nº 9 (personnalisé)

Visualisation de la transformation positive

1 – Je suis parfaitement détendu(e), les yeux fermés.
2 – Je pense à mon besoin : ....
..
3 – J'imagine une situation de la vie quotidienne où je suis ....
– Je me vois ....
– et je me sens parfaitement à mon aise.
– Je vois les autres ....
..
– Je les entends ....
– Je ressens ....
..
4 – J'associe l'image de moi-même : ....
..
avec un soleil qui rayonne en moi et tout autour de moi.
5 – J'imprime bien ce nouveau message en moi.
6 – Je reprends doucement conscience de mon environnement.

– Je répète ce même exercice au moins deux fois par jour (le soir et le matin) et plus souvent si je peux.
– Dans la vie quotidienne, chaque fois que je me trouve confronté(e) à la non-satisfaction de mon besoin, immédiatement je recontacte les images positives vécues dans ma visualisation, en compréhension de ce qui se passe en moi.

La visualisation de notre transformation nous apporte de la légèreté et de la lumière et un éclairage nouveau sur qui nous sommes véritablement : des êtres naturellement joyeux et remplis d'élan.

Notes personnelles :

***

L'exercice n° 10 nous permet d'aller un peu plus loin, vers l'origine de notre croyance, en prenant conscience du petit enfant que nous étions et qui est toujours en nous, avec ses émotions.

(Les pointillés vous laissent la place pour écrire vos propres phrases).

Exercice nº 10

Le petit enfant se transforme

1 – Je suis parfaitement détendu(e), les yeux fermés.
2 – Je pense à mon besoin :
(avoir de l'intérêt, être reconnu(e) dans ce que je dis et ce que je fais)

....

....

3 – Je fais revenir le souvenir du petit enfant que j'étais : en pensant à une photo, à une image que j'ai de moi enfant, etc.
4 – Je l'imagine là, près de moi et je sens sa présence.
5 – J'imagine que je prends ses mains dans les miennes.
6 – Je lui parle avec douceur, bienveillance et amour, je le sens à l'écoute et je lui dis (en pensant à mon besoin qui est avant tout le sien) :

– « je comprends ce dont tu as besoin,

– maintenant, avec ce que je sais, je suis là pour te montrer (que ce que tu dis et ce que tu fais est intéressant), que ....

....

et je lui montre des moments de la vie où il peut constater (qu'il est intéressant, que sa valeur est reconnue) que ....

....

– je t'aime »

et je le serre contre mon cœur.
7 – Je le sens apaisé et confiant.
8 – Je le fais rentrer en moi.
9 – Je partage son apaisement et sa confiance.
10 – Je sens que nous sommes ensemble tous(tes) les deux, dans le même élan, dans la même joie : (ce que

nous disons et ce que nous faisons a de l'intérêt) ....
..
11 – J'imprime bien cela en moi.
12 – Je reprends doucement conscience de mon environnement.

Dans la journée, et sans précisément faire l'exercice, pensez au petit enfant que vous étiez.

Rencontrez-le en pensée, parlez-lui, mettez-le en confiance et sentez-vous ensembles sur votre chemin de vie. Chaque fois vous vous sentirez plus proche de lui... et de vous-même.

Lorsque vous allez ressentir une émotion maintenant, et que vous allez prononcer votre phrase :

« Lorsque tu me dis que..., moi je recontacte la croyance du petit enfant que j'étais, ainsi que son émotion, car il a besoin de se sentir...et moi aussi aujourd'hui », pensez vraiment à lui et soyez convaincu que vous vous libérez, lui et vous, de vos tensions. Le fait de ne pas se sentir seul avec ses émotions change beaucoup de choses : le petit enfant que vous étiez va vous aider et vous allez l'aider aussi !

LES ÉMOTIONS PARASITES

Nous en avons déjà parlé, le petit enfant, comme tout être humain, a besoin d'exprimer ses émotions, qui se manifestent le plus souvent par des pleurs, des colères, etc.

Si ses parents ou ses proches lui donnent le droit de les exprimer, et l'accompagnent dans cette expression *en étant dans la compréhension* de ses besoins et de ce qui se manifeste en lui, tout va bien : il porte alors naturellement hors de lui ce qu'il ressent. Par contre, s'il ne peut pas exprimer ses émotions, il en crée d'autres qui elles, sont parasites des premières, dans la mesure où elles sont venues se greffer sur celles-ci.

Prenons un exemple :

1 – un petit garçon ressent une émotion de tristesse,

2 – il l'exprime spontanément par des pleurs,

3 – mais son père lui dit :
« Ne pleure pas, ce sont les filles qui pleurent... »

4 – L'enfant enregistre qu'il doit *se montrer fort* puisqu'il est un garçon et que pleurer signifie faiblesse !
Voici l'émotion parasite : se montrer fort pour plaire à son père et être aimé. Or, pleurer est un mouvement naturel émotionnel qui n'a aucun rapport avec la force ou la faiblesse.

5 – Pourquoi son père ne lui donne-t-il pas le droit d'exprimer ses pleurs ?
Parce qu'il a lui-même enregistré inconsciemment, étant enfant, qu'il faut se montrer fort, comme un garçon doit l'être, et il transmet sa propre émotion à son fils !

6 – Par peur de déplaire à son père et de ne plus être aimé, l'enfant refoule sa 1re émotion :
« ne pas pleurer, donc ne pas exprimer ma tristesse »,

7 – et il greffe sur celle-ci l'émotion parasite :
« il faut que je me montre fort ».

Ainsi, l'enfant non seulement n'a pas exprimé son émotion de tristesse, mais il va maintenant faire en sorte de se montrer fort.

À travers cet exemple, nous comprenons qu'il n'est pas toujours facile de découvrir seuls, ce que nous avons calqué sur le comportement de nos parents et de nos proches, et tant que nous ne nous en apercevons pas, nous sommes dépendants, c'est-à-dire non-autonomes et non-libres.

Or nous ne pouvons pas nous réaliser sans cette autonomie et cette liberté intérieure.

Aussi, chaque émotion et comportement compris et transformés sont une part de liberté acquise, une marche gravie pour nous offrir un nouveau paysage intérieur qui devient toujours plus beau, plus large, plus profond.

La respiration

Que représente la respiration ?

Bien que d'habitude elle s'effectue sans que nous ayons à intervenir, nous avons constaté que nous pouvions également la pratiquer en conscience.

En respirant ainsi, nous sentons la présence du souffle de vie en nous et nous créons un « pont » entre conscient et inconscient.

Pour ce dernier l'inspir représente la vie, l'absence d'inspiration étant la mort, donc cela signifie clairement pour lui que nous vivons, *donc que nous existons* et que nous avons notre place.

C'est un message des plus importants...

La respiration abdominale

Nous pratiquons souvent la respiration abdominale consciente, quand par exemple nous souhaitons nous mettre en état de relaxation pour faire un exercice, également lorsque nous ressentons des tensions dans notre corps, que nous éliminons en expirant.

Je vous rappelle ici le mécanisme de la respiration abdominale.

1 – vous gonflez le ventre à l'inspir, grâce aux muscles abdominaux,

2 – le diaphragme, qui est un muscle respiratoire, se baisse comme aspiré par le bas, et ainsi libère le bas des poumons qui vont pouvoir se remplir d'air.

3 – Vous rentrez le ventre à l'expir, ce qui repousse le diaphragme vers le haut, et permet aux poumons de se vider plus complètement.

Cette respiration libère le diaphragme et agit sur le plexus solaire, centre des émotions, en le débloquant. C'est pourquoi, lorsque nous sommes tendus et stressés, nous ne respirons plus qu'avec le haut des poumons, au niveau des épaules. Les personnes qui le sont très souvent le vivent non sans inconvénients et particulièrement pour les organes situés dans l'abdomen (risque de constipation par exemple) et donc pour la santé en général. Dans ce cas, la respiration abdominale est un massage naturel bienfaisant pour le ventre.

Observons comment respire un bébé : il respire naturellement par le ventre. Et nous aussi, lorsque nous sommes parfaitement détendus.

La respiration complète

La respiration complète est le prolongement de la respiration abdominale et se pratique plus volontiers debout pour mieux la ressentir.

1 – Vous inspirez en gonflant le ventre, votre diaphragme se baisse (et va permettre à vos poumons de se remplir complètement),

2 – vous continuez à inspirer en remplissant progressivement vos poumons du bas vers le haut, jusqu'aux épaules, en les ouvrant.

3 – Vous faites une pause,

4 – et vous expirez en vidant vos poumons du haut

vers le bas, en laissant vos épaules se baisser le plus possible et en relâchant (gardez le dos droit).

5 – Pour finir, et sans interrompre le mouvement, vous resserrez le ventre, votre diaphragme remonte et permet à vos poumons de se vider complètement.

Lorsque vous maîtrisez la technique de cette respiration, pratiquez l'exercice suivant.

Exercice n° 11

Respiration en conscience

1 – Je suis debout et je sens mes deux pieds bien en contact avec le sol et je ferme les yeux.
2 – En imaginant la position de mon corps debout dans l'espace, j'inspire en commençant par gonfler le ventre et je continue le mouvement jusqu'aux épaules.
3 – En ouvrant les épaules, je m'ouvre à la vie.
4 – Je fais une pause pour sentir mon existence dans ce moment précis, et la confiance que je développe en moi et je me le dis.
5 – Tout en gardant cette sensation, j'expire complètement en relâchant.
6 – Je prends conscience de la confiance que je développe en moi dans le relâchement.
7 – Et je continue à respirer ainsi, en sentant la vie qui circule en moi, donc à mon existence et à ma place parmi les autres.
8 – Je reprends ensuite doucement conscience de mon environnement.

Que nous fait comprendre la respiration consciente ?

Le mouvement de la respiration s'effectue dans notre corps et également au-delà de notre être pour nous faire comprendre notre dimension et notre place dans l'univers.

L'exercice suivant nous permet de l'expérimenter.

Exercice n° 12

Respiration avec l'univers !

1 – Je m'allonge et je me détends, les yeux fermés.
2 – Je me relie à ma respiration et je respire par mon nez, mais aussi par tous les pores de ma peau.
3 – Je sens son mouvement calme et harmonieux en moi.
4 – Je m'imagine dans la nature, allongé(e) sur la terre et je sens le contact de mon corps avec la terre.

5 – Je me relie à elle... et je la sens respirer elle aussi: dans le même mouvement respiratoire que moi...
6 – Puis je me relie à la nature (à tout ce qui est vivant autour de moi)..... et je la sens respirer elle aussi : dans le même mouvement respiratoire que moi et que la terre...
7 – J'imagine tout autour de moi l'univers, je me relie à lui... et je le sens respirer: dans le même mouvement respiratoire que moi, que la terre, que la nature...

8 – Je sens la puissance de ce souffle de vie qui relie tout ce qui est vivant, et je reste ainsi un moment pour m'en imprégner.
9 – Doucement, je reprends conscience de mon environnement.

Cet exercice est une belle expérience qui nous montre que nous pouvons nous relier à la vie, au vivant, à tout moment : dans notre maison, dans la forêt, sur le lieu de nos activités, etc., en nous servant de la visualisation et de l'énergie de vie et d'amour qui animent tout ce qui est vivant.

Le lâcher-prise

Qu'est-ce que le lâcher-prise ?

Prenez fermement un objet dans la main, puis détendez vos muscles et laissez-la s'ouvrir naturellement. En relâchant, vous avez libéré l'objet... Il se passe la même chose en vous quand vous lâchez prise : en relâchant intérieurement, vous libérez ce qui est prisonnier en vous (tensions, émotions, etc.).

Lorsque nous détendons nos muscles pendant la relaxation, nous nous libérons de nos tensions physiques et mentales, donc nous enlevons les « barrières » qui nous empêchaient d'entrer en communication avec nous-mêmes.

Les émotions trop souvent répétées mettent le cerveau et le corps « sous tension », et le stress engendré provoque des blocages musculaires et organiques, à tel point que pour certains il est difficile de sentir ce que relâcher représente véritablement. Si c'est votre cas, prenez tout le temps qu'il vous faut pour vous entraîner à le faire et à sentir ce qui se manifeste en vous.

LE LÂCHER-PRISE EST UNE ATTITUDE DANS NOTRE VIE

Lorsque nous sommes sous l'effet d'une émotion : nous sommes envahis par celle-ci, comme dépassés par ce qui se passe en nous.

Nous décidons alors d'éliminer les tensions, nous les libérons et ce faisant nous sommes dans l'attitude de lâcher prise qui nous permet de *prendre du recul* par rapport à la situation, donc *d'élargir notre champ de vision.*

Dans notre vie quotidienne nous pouvons adopter cette attitude chaque fois que quelque chose de dysharmonieux ou de préoccupant se présente.

Lorsque « nous tenons à quelque chose » par exemple (l'expression est très significative !) nous nous empêchons d'envisager la situation sous tous ses angles et nous bloquons nos pensées et la situation elle-même. Dans cet état d'esprit, nous développons la peur de perdre ce à quoi nous tenons. Par contre si nous prenons du recul par rapport à l'objet de nos préoccupations comme si nous faisions un pas en arrière, notre vision des choses se transforme, et la peur devient beaucoup moins intense.

Cette attitude fait également appel à la confiance en notre chemin de vie, confiance à ce que nous ressentons intuitivement, car en lâchant prise, nous pouvons beaucoup mieux nous mettre à l'écoute, comme si nous enlevions le voile qui nous empêchait d'utiliser nos sens de façon optimale.

Ceci nous permet également de faire davantage confiance aux autres en écoutant leurs besoins. Prenons l'exemple de nos enfants. Si nous voulons toujours faire à leur place, nous ne leur donnons pas la possibilité de devenir des êtres autonomes et nous pensons (inconsciemment) les retenir ainsi... de peur de les perdre. Cela crée des tensions et des blocages dans la communication. Par contre en lâchant prise, nous desserrons et ouvrons nos bras en confiance et nous la leur communiquons. Ils en ont besoin pour prendre leur envol et devenir des êtres libres et confiants.

Lâcher-prise ne veut pas dire pour autant laisser faire en toute insouciance et irresponsabilité. Bien au contraire.

C'est se laisser cheminer intérieurement dans le relâchement en écoutant son intuition, jusqu'à la solution parfaite pour soi, en toute confiance d'aboutir.

Là vous êtes véritablement responsable dans votre attitude et vous développez votre force intérieure.

Deuxième partie

NOTRE RAYONNEMENT EST LIÉ À NOS ÉTATS D'ÊTRE

Cette deuxième partie est consacrée à une approche de nos états d'être et émotions vécues de façon négative. Mieux les comprendre et aller plus loin dans notre démarche intérieure va nous permettre d'aller doucement vers un mieux-être.

Dans le premier chapitre vous trouverez une présentation et une description des états d'être négatifs et positifs, suivis d'un ou plusieurs exercices qui vous permettront d'entreprendre votre travail intérieur de transformation.

Dans le deuxième chapitre sont rassemblées des questions qui vous guideront dans la compréhension de vos émotions.

ÉTATS D'ÊTRE NÉGATIFS ET POSITIFS

Les états d'être dont nous allons parler, sont ceux que peuvent rencontrer les êtres humains au cours de leur existence.

Nous savons qu'ils se sont installés pendant la période de la vie intra-utérine et de l'enfance (qu'ils soient négatifs ou positifs) : souvenez-vous de cette grande mémoire qu'est notre inconscient. Cette lecture va vous permettre de vous reconnaître à travers la description de ces états d'être. Soyez le plus sincère possible vis-à-vis de vous-même, reconnaissez-vous simplement, sans en rajouter, ni vous sentir coupable de vos comportements émotionnels.

Soyez au contraire dans la compréhension, observez-vous avec douceur et bienveillance. Vous vous occupez de vous... faites-le avec amour ! Aucun état d'être n'est mauvais, *il y a seulement en vous les compréhensions erronées du petit enfant que vous étiez.*

Voici comment procéder :

1 – Prenez une feuille de papier et faites deux colonnes.
2 – Dans l'une vous écrivez (+) pour les états d'être positifs et dans l'autre (–) pour les négatifs.
3 – Commencez avec une première lecture de l'ensemble de ce chapitre.

4 – Puis au cours de la deuxième lecture, commencez à sélectionner les états d'être négatifs et positifs qui vous concernent, et notez-les sur votre feuille (les négatifs sont ceux que vous désirez transformer et les positifs constituent vos ressources et votre force).
5 – Choisissez un premier état d'être négatif, lisez sa description et passez directement au 2e chapitre pour répondre aux questions proposées.
6 – Puis revenez au 1er chapitre et faites les exercices correspondants et ainsi de suite.

Prenez du temps pour découvrir les définitions et pratiquer les exercices concernant tous les états d'être, même s'ils ne semblent pas vous concerner précisément (comme nous en avions parlé au début du livre).

Description de nos états d'être négatifs et positifs

Légende : (–) représente l'état d'être négatif
(+) représente l'état d'être positif

(–) Peurs, appréhensions
(+) Apaisement, tranquillité d'esprit, compréhension, courage

(–) La peur est à l'origine de toutes nos émotions. Elle peut être consciente, c'est-à-dire que nous pouvons dire de quoi nous avons peur ; ou bien inconsciente, et là il est plus difficile de la reconnaître puisqu'elle est cachée.

Prenons un exemple : une personne qui est agressive envers une autre ne semble pas avoir peur (elle attaque la première), et pourtant sa voix menaçante et son regard montrent une forte émotion de peur de ne pas être entendue, écoutée ou reconnue dans sa valeur, donc une souffrance par rapport à un besoin vital qui n'est pas satisfait.

Nos peurs reviennent souvent, sans même nous en rendre compte et sont presque insignifiantes tant elles font partie de notre vie quotidienne. Elles sont pourtant lourdes de conséquences... En effet, elles font que nous nous répétons régulièrement nos messages de peur ancrés depuis déjà très longtemps, et que nous continuons à entretenir bien vivants en nous.

C'est ainsi que nous allons les transmettre à nos enfants, sans même nous en rendre compte, et cela de générations en générations...

Mais, lorsque nous prenons conscience de nos peurs et de leurs conséquences et que nous faisons une démarche personnelle pour les comprendre et les transformer, nous changeons notre regard sur le monde qui nous entoure et nous communiquons ce nouvel état d'être à nos enfants. Alors, nous nous libérons et libérons les générations à venir.

Ainsi nous devenons vraiment nous-mêmes, et nous offrons à nos enfants la possibilité de prendre leur véritable dimension d'êtres humains confiants en ce que la vie leur propose.

Nos peurs nous empêchent d'entrer dans notre vie en toute confiance, nous retiennent et nous rendent vulnérables.

(+) Dans l'état d'être positif, nous prenons conscience des conséquences de nos peurs sur notre épanouissement et notre liberté intérieure. Nous devenons attentifs et apprenons à les transformer pour les dépasser progressivement. Nous acquérons tranquillité d'esprit et courage face aux propositions de la vie.

Grâce à cette démarche, nous sentons qu'au plus profond de nous-mêmes nous avons une grande force et une grande puissance qui nous permettent de développer notre confiance en nous.

Réflexion et proposition d'exercices pour l'état d'être négatif

Lorsque nous sommes dans une émotion de peur, le cerveau se mobilise totalement par rapport à celle-ci, laissant de côté ses autres activités. Nous sommes enfermés dans notre peur et très limités dans nos actions, puisque nous ne pouvons plus penser, ni réfléchir comme nous le faisons d'ordinaire : comme si nous n'avions plus accès à notre mémoire ou à notre clarté de raisonnement. Certains s'en aperçoivent à l'occasion d'un examen, d'un rendez-vous important, etc.

Nos peurs sont nombreuses, aussi je voudrais vous proposer un exercice assez universel, à pratiquer quotidiennement, et plus particulièrement le matin pour adopter une attitude de confiance pour la journée qui commence, et pour votre vie quelles que soient les circonstances. Programmez-le au même titre que votre toilette ou votre petit-déjeuner ! C'est sa répétition qui vous aidera à changer votre regard.

Avant de commencer, pensez à l'état d'être positif que vous souhaitez développer, comme nouveau message de confiance, à la place de la peur que vous ressentez aujourd'hui.

Pour vous aider à la visualisation que vous aurez à faire dans l'exercice, voici quelques images positives dont vous pourrez vous inspirer pour remplacer vos peurs :

Votre peur :	*Image positive à développer :*
Peur du noir	lumière blanche tout autour de vous qui vous protège
Peur de manquer	abondance à tous points de vue
Peur d'être malade	santé et harmonie – toutes vos cellules sont lumineuses et en parfaite activité
Peur de vieillir	beauté intérieure qui vous rend resplendissant(e)
Peur de la solitude	vie équilibrée et bien remplie avec des temps pour rencontrer les autres et des temps pour apprécier d'être seul(e)
Peur de ne pas savoir	souvenir de situations passées réussies qui vous montrent vos capacités à réussir aujourd'hui
Peur de ne pas y arriver	image du but à atteindre : lumineux et proche, facile d'accès
Peur d'être en retard	arrivée dans le calme, et harmonie autour de vous
Peur de mal faire	ce que vous faites est juste: vous êtes guidé(e) par votre intuition et vous prenez le temps de l'écouter
Peur de parler en public	ce que vous dites a de la valeur et vous voyez les autres apprécier vos paroles

Votre peur :	*Image positive à développer :*
Peur de prendre l'avion	image de l'arrivée dans les meilleures conditions possibles et en pleine forme
Peur de la foule	image d'une bulle de lumière tout autour de vous, qui respecte l'espace dont vous avez besoin – votre respiration est régulière, calme et paisible
Peur d'être enfermé(e) (ex.: ascenseur)	image d'une bulle de lumière tout autour de vous, qui vous réconforte et vous rassure – l'énergie qui y circule est apaisante et douce pour vous – votre respiration est régulière, calme et paisible
Peur de faire un cauchemar (ou de mal dormir)	image d'un sommeil paisible durant toute la nuit, la détente et le sommeil viennent très facilement et le lendemain, le réveil est agréable
Peur de mourir	comprendre que la mort est une transformation, le passage d'un état à un autre, pour évoluer

Exercice nº 13

Attitude de confiance

1 – Je suis debout, les pieds bien en contact avec le sol, mon dos est droit et j'ouvre mes épaules. Je ferme les yeux et je respire doucement.
2 – Je commence par pratiquer la respiration abdominale et à expirer longuement pour apporter le calme et la détente.
3 – Puis j'imagine de la lumière blanche, de l'énergie de vie tout autour de moi.
4 – Je passe à la respiration complète en inspirant cette énergie, et en ouvrant les épaules, je prends conscience de mon existence et de ma place dans le mouvement naturel de la vie.
5 – J'expire et je sens ma confiance en moi.
(je fais plusieurs respirations)
6 – Je me souris et je souris à la vie.
7 – Je me visualise dans l'état d'être positif que je souhaite développer en moi: image positive (voir tableau ci-dessus).
8 – Je vis ce moment comme dans la réalité et je me sens très heureux(se).
9 – J'imprime bien cette image et ce ressenti en moi.
10 – Je souris à nouveau, en confiance.
11 – Je respire profondément et j'ouvre doucement les yeux.

L'exercice suivant va dans le même sens que le précédent. Après un début identique, vous allez faire circuler l'énergie de la terre et l'énergie cosmique, en conscience, dans tout votre corps.

Exercice nº 14

L'être, entre terre et ciel

1 – Je suis debout, les pieds bien en contact avec le sol, mon dos est droit et j'ouvre mes épaules. Je ferme les yeux et je respire doucement.
2 – Je commence par pratiquer la respiration abdominale et à expirer longuement pour apporter le calme et la détente.
3 – Puis j'imagine de la lumière blanche, de l'énergie de vie tout autour de moi.
4 – Je passe à la respiration complète en inspirant cette énergie de vie.
5 – En ouvrant les épaules, je prends conscience de mon existence et de ma place dans le mouvement naturel de la vie.
6 – Je sens ma confiance en moi et je la développe encore:

....

7 – J'imagine de grandes racines sous mes pieds qui descendent profondément dans la terre.
8 – En inspirant, j'imagine l'énergie de la terre qui monte à travers mes racines, puis dans mes jambes jusque dans mon ventre (trois fois).
9 – En expirant, je garde cette énergie dans mon ventre.
10 – Je prends conscience de ma position verticale: mes pieds sur la terre et ma tête vers le ciel.
11 – Je m'imagine comme une antenne entre ciel et terre.
12 - Puis j'inspire l'énergie cosmique ou énergie de vie (trois fois).
13 – À l'expir cette énergie rejoint l'énergie de la terre, dans mon ventre.

14 – Ces deux énergies se mêlent et rayonnent dans tout mon être.
15 – Je sens ma stabilité, ma place dans ce monde,
16 – je sens ma force intérieure et la puissance de ces deux énergies que je peux réactiver en moi, chaque fois que je le souhaite (par la visualisation).
17 – Je reprends doucement conscience de mon environnement comme j'en ai l'habitude.

Lorsque vous ressentez des peurs et des tensions, au cours de vos activités quotidiennes, pensez à les éliminer en expirant longuement avec la respiration abdominale. Et ramenez ensuite l'équilibre et la force en inspirant de l'énergie de vie (lumière blanche) en conscience, en imaginant que cette énergie vous protège et forme une bulle de lumière tout autour de vous.

Notes personnelles :

(–) PESSIMISME, DÉCOURAGEMENT, DOUTE (+) OPTIMISME, PERSÉVÉRANCE, ENTHOUSIASME

(–) Dans cet état d'être, nous envisageons d'abord le côté négatif des choses, nous sommes sceptiques et parfois, lorsque des difficultés apparaissent ou lorsque des gens nous découragent, nous ne trouvons pas la force suffisante pour continuer ce que nous avons entrepris. Nous avons peur de ne pas réussir et cela nous retient et nous empêche d'entreprendre.

(+) Dans l'état d'être positif, nous comprenons que la vie propose une succession d'événements pour nous permettre d'aller plus loin dans notre compréhension de nous-mêmes, et dans cette optique, rien ne peut être vécu négativement. Dans une situation difficile, nous restons sereins et posons un regard différent sur les événements : nous sommes persévérants et confiants.

RÉFLEXION ET PROPOSITION D'EXERCICES POUR L'ÉTAT D'ÊTRE NÉGATIF

Souvenez-vous : une pensée positive entraîne un ressenti positif, qui entraîne un comportement positif, qui entraîne lui-même la réussite...

Prenez conscience que *vous existez*, que *vous avez votre place*, qu'elle est importante et qu'à ce titre vous n'avez pas à renoncer, ni à vous effacer dès que quelque chose vous paraît impossible à atteindre.

L'exercice suivant va vous montrer un chemin pour atteindre votre but en confiance.

Exercice n° 15

Chemin de réussite

1 – Je m'allonge, je ferme les yeux et je respire doucement.
2 – Je me détends comme j'ai l'habitude de le faire.

3 – Je pense à ce que je crois insurmontable (ou qui me fait douter) et je l'imagine comme une montagne.
4 – Je fais une pause.
5 – Je sens mes pieds bien ancrés dans la terre, mes épaules ouvertes et je respire amplement.

6 – Puis dans la sérénité, je regarde cette même montagne avec des yeux apaisés et confiants.
7 – Je l'observe et je découvre qu'il y a un chemin tout à fait accessible pour atteindre le sommet.
8 – Je m'approche et je le vois nettement : il est large, bordé d'arbres, le soleil l'éclaire généreusement et je vois, au mouvement des feuilles, qu'il y souffle une brise agréable.

9 – Il m'apparaît accueillant et je commence l'ascension en confiance.
10 – Je monte avec aisance et avec plaisir, et je découvre au changement de végétation que je suis presque au sommet.
11 – Je suis arrivé(e), j'ai atteint mon but!
12 – Un paysage grandiose s'ouvre devant moi et je laisse s'exprimer ma joie et ma satisfaction de moi-même, et je me le dis.
13 – Je comprends que ma confiance a rendu mon chemin aisé pour y arriver, qu'elle m'a donné l'élan dont j'avais besoin.

14 – J'imprime bien tout cela en moi.

15 – Je prends le chemin du retour avec le cœur enthousiaste et rempli de joie.
16 – Je reprends doucement conscience de mon environnement.

Notes personnelles :

(–) TRISTESSE, CHAGRIN, NOSTALGIE, DÉSESPOIR, DÉPRIME
(+) JOIE, LUMIÈRE, ESPÉRANCE

(–) Dans cet état d'être, nous avons perdu notre joie de vivre et nous en ressentons une grande douleur. La vie nous semble sombre et sans intérêt. Nous nous sentons enfermés dans notre tristesse, notre chagrin, notre nostalgie ou notre désespoir comme si cela nous mettait à l'écart de l'élan de la vie, en dehors du moment présent. Nous nous sentons accablés et parfois même abandonnés.

(+) Dans l'état d'être positif, il y a une force intérieure qui pousse à espérer. Nous avons la certitude profonde que les difficultés peuvent être surmontées, et l'énergie de vie est là, bien présente en nous et autour de nous.

RÉFLEXION ET PROPOSITION D'EXERCICES POUR L'ÉTAT D'ÊTRE NÉGATIF

Il est important de reprendre conscience du mouvement de la vie en soi, de le retrouver.

En nous rapprochant le plus possible de la nature, nous pouvons nous relier à la vie. La pratique de l'exercice n° 12 : « Respiration avec l'univers » peut nous aider à y parvenir.

Observons la nature, sa force et imaginons le cycle des saisons. Puis pensons plus particulièrement à ce qui se passe en hiver, cette saison où tout semble avoir disparu, où les arbres sont dépouillés de leurs feuilles... C'est pourtant pendant cette saison froide et dénudée que se prépare la formidable force d'éveil et de croissance du printemps.

Il y a à ce moment-là dans la nature cette certitude profonde du retour des rayons chauds du soleil et elle se prépare, alors que rien apparemment ne montre qu'elle peut le faire.

Or nous faisons partie du même mouvement de vie que celui que nous observons dans la nature, et comme elle, ayons la certitude que le soleil est déjà en train de nous éclairer, de nous réchauffer même si nous ne le voyons pas encore très bien.

Voici un exercice qui va nous permettre de laisser grandir et se fortifier ce soleil qui est en chacun de nous.

Exercice n° 16

Lumière et chaleur du soleil

1 – Je me détends comme je le fais d'habitude.
2 – Je pratique la respiration abdominale.

3 – J'imagine un soleil (le plus resplendissant possible) dans mon ventre.
4 – Je sens qu'il l'éclaire et le réchauffe doucement.
5 – Je fais vivre ce soleil à travers le mouvement de ma respiration et de mon ventre.

6 – Puis je pratique la respiration complète.
7 – À l'inspir je fais monter la lumière du soleil et sa douce chaleur vers mon cœur et jusqu'à mes épaules, en suivant le mouvement de ma respiration.
8 – Je fais une pause et je ressens ce soleil dans mon cœur.

9 – À l'expir je me relâche et je laisse rayonner le soleil en moi.
10 – Plus je respire en conscience, plus je ressens une grande joie qui monte en moi.

11 – Je m'imagine ensuite dans ma vie quotidienne, avec ce soleil en moi qui me donne l'élan et qui me relie à la vie.
12 – J'imprime bien cela en moi et je souris chaleureusement.
13 – Je reprends doucement conscience de mon environnement.

Pratiquez l'exercice aussi souvent que possible, et pensez également à *réactiver ce message dans la journée*, tout en vaquant à vos occupations, simplement en pensant à ce soleil et en le sentant en vous. Ne laissez pas le ciel s'obscurcir.

Le soir, avant de vous endormir, remémorez-vous le ou les moments de la journée qui ont été agréables et bons pour vous. Souvenez-vous ce que vous avez ressenti dans ces moments-là, imprimez-les bien en vous et endormez-vous avec ces images et ses ressentis positifs et apaisants.

Et chaque matin, au moment où vous vous réveillez, faites quelques respirations abdominales et expirez les tensions sans préciser quelles peuvent être ces tensions, et visualisez la journée qui commence dans la lumière.

Puis laissez venir un large sourire sur votre visage et pratiquez la respiration complète consciente de façon à sentir ce sourire et la vie circuler en vous (en position debout si possible).

Notes personnelles :

(–) Jalousie, haine, vengeance
(+) Compréhension, compassion

(–) La jalousie, la méfiance naissent de la peur de ne pas être respectés et aimés.

Dans ces émotions, le cœur ne peut s'ouvrir ni pour donner, ni pour recevoir et elles nourrissent la haine, la vengeance, la dureté, la sécheresse du cœur et l'incompréhension.

(+) Dans l'état d'être positif, nous sommes remplis d'amour car nous nous en nourrissons et le partageons. Notre regard est alors bienveillant pour nous-mêmes et pour les autres car plus nous avons de compréhension vis-à-vis de nous-mêmes, plus nous nous aimons, et mieux nous comprenons les autres et pouvons les aimer. Cet amour est au-delà du simple fait d'apprécier quelqu'un. Il est une puissante énergie, une bienveillance profonde et paisible pour les autres quels qu'ils soient.

Réflexion et proposition d'exercices pour l'état d'être négatif

En laissant notre cœur s'ouvrir, nous laissons circuler l'énergie d'amour.

Cet exercice va nous y conduire.

Exercice n° 17

Ouverture du cœur

1 – Je me détends comme j'ai l'habitude de le faire.
2 – Je respire en prenant conscience que l'air inspiré est de l'énergie de vie, donc de l'énergie d'amour.
3 – J'imagine cette énergie comme une pluie d'étoiles de lumière qui entre dans mon corps à chaque inspiration.

4 – Puis je pratique la respiration complète et à l'inspir ces étoiles de lumière vont jusque dans mon cœur.
5 – Elles sont si fines et si lumineuses qu'elles y entrent avec aisance et délicatesse.

6 – À l'expir, je me relâche et je les sens tourbillonner de joie à l'intérieur de mon cœur.
7 – Plus je respire, plus mon cœur s'ouvre et plus les étoiles rayonnent en moi et tout autour de moi.
(je prends mon temps pour ressentir cela)

8 – J'ai conscience que ces étoiles représentent l'énergie d'amour qui circule dans mon cœur et dans tout mon être et j'en ressens une grande joie et un grand bien-être, un apaisement profond.
9 – J'imprime bien cela en moi.

10 – Je m'imagine dans la vie quotidienne, avec ce ressenti intérieur qui m'accompagne dans la compréhension des autres.
11 – Je reprends doucement conscience de mon environnement.

Lorsque vous étiez enfant, ressentiez-vous de la jalousie vis-à-vis d'un frère ou d'une sœur?

Laissez revenir les souvenirs et faites l'exercice n° 17 – 2ᵉ version (ci-dessous) en reprenant les huit premiers points du n° 17 – 1ʳᵉ version (ci-dessus).

2ᵉ version de l'exercice précédent (n° 17):

---

8 – J'ai conscience que ces étoiles représentent...

9 – J'imagine le petit enfant que j'étais et je me fonds en lui. Je vois alors avec mes yeux d'enfant, j'entends et je ressens comme lui.
10 – Je visualise un cordon d'amour qui va du cœur de ma mère et (ou) de mon père vers le mien,
11 – puis un autre cordon d'amour qui va du cœur de chacun de mes parents vers le cœur de mon frère ou de ma sœur, et autant il y a d'enfants, autant il y a de cordons d'amour.
12 – Je vois la même intensité de lumière dans chacun d'eux.

13 – Je prends conscience que chaque enfant est différent mais que l'amour circule avec autant de force et de puissance dans chaque cordon.
14 – J'imprime bien cela en moi.

15 – Je prends le petit enfant que j'étais contre mon cœur et il se fond en moi.
16 – Puis doucement, je redeviens l'adulte que je suis aujourd'hui, avec en moi le petit enfant qui comprend et qui est apaisé.
17 – Je reprends lentement conscience de mon environnement.

Notes personnelles :

(–) Culpabilité
(+) Regard juste, clarté

(–) Ressentir de la culpabilité, c'est se croire responsable de tout ce qui arrive de désagréable, de mal plaisant, de mauvais à soi et aux autres.

Nous nous faisons beaucoup de reproches, avons souvent mauvaise conscience et ne nous sentons pas satisfaits de nous.

Il y a également les culpabilités qui sont ancrées dans l'inconscient familial ou collectif, c'est-à-dire ces pensées qui se transmettent de générations en générations, et qui sont souvent liées à la religion et la morale : ce que celles-ci jugent comme étant le bien et le mal, la sexualité montrée comme un péché, etc. Ceci est parfois très lourd à porter pour certaines personnes.

(+) Dans l'état d'être positif nous resurgissons de nous-mêmes, prenons du recul par rapport à ce que nous vivons, et si nous n'avons pas eu un agissement juste, nous le reconnaissons simplement et modestement, mais nous ne nous accablons pas. Notre regard sur nous-mêmes est juste, clair, et plus léger.

RÉFLEXION ET PROPOSITION D'EXERCICES POUR L'ÉTAT D'ÊTRE NÉGATIF

Lorsque nous nous culpabilisons, cela nous alourdit, car nous rejetons et prenons sur nous une erreur ou une faute que nous croyons être la nôtre. Vouloir porter le fardeau des autres ne leur rend pas le poids plus léger ou la tâche plus facile. Chacun est responsable de soi, que l'on soit adulte ou enfant.

Notre culpabilité vient de la *croyance* de n'avoir pas fait ce qu'on attend de nous, de la *croyance* de ne pas avoir fait plaisir à l'autre, ou encore de la *croyance* d'avoir fait quelque chose que nous croyons être mauvais, etc.

Ceci s'est imprimé en nous lorsque nous étions enfant car nous avons cru, avec notre logique de petit enfant, que nous étions coupables.

De même tout ce que l'on a réprimé en nous enfant, en nous le définissant comme une faute, sans tenir compte de notre sensibilité et sans nous expliquer le « pourquoi », peut être source de culpabilité :

« C'est très mal ce que tu as fait là... »

La culpabilité est une meurtrissure du cœur et tout peut devenir sujet de culpabilité. Elle entraîne en même temps une grande tristesse du cœur.

Pour l'éliminer voici quelques conseils :

Exercice nº 18

Éliminer la culpabilité

1 – J'observe les situations dans ma vie quotidienne où je me sens coupable.
2 – Au moment où je ressens l'émotion, je prends conscience que c'est une croyance et que cela vient d'une compréhension erronée de la période de ma petite enfance.
3 – Je pratique alors la respiration abdominale, et en expirant longuement, j'élimine la culpabilité dans un nuage sombre.
4 – Je me sens devenir plus léger(ère) à chaque expiration.
5 – Ainsi je m'allège de mon fardeau.
6 – Je reprends ma respiration ordinaire, j'imagine tout autour de moi une lumière blanche et pure, et je fais trois inspirations de cette énergie que je fais circuler en moi.
7 – Je peux ensuite reprendre doucement le cours de mes activités.

....

Plus tard, quand je suis seul(e) et au calme, je continue l'exercice de cette manière :
1 – Je me détends comme je le fais d'habitude.
2 – Je pense au petit enfant que j'étais, je l'imagine et je le rencontre en moi.

3 – Je lui dis avec douceur que je comprends pourquoi il se sent coupable, mais qu'aujourd'hui avec ce que je connais de sa vie, je sais au plus profond de moi qu'il est à sa juste place, et que ce qu'il fait est juste.

4 – Je sens que le petit enfant comprend, qu'il est soulagé et heureux d'être délivré de cette croyance.

5 – Je laisse monter en moi, l'adulte que je suis aujourd'hui, cette même joie.
6 – J'imprime bien cela en moi.
7 – Je reprends doucement conscience de mon environnement.

Continuez pendant plusieurs jours à pratiquer cet exercice et faites de même pour toutes vos culpabilités, en sentant que chaque fois vous vous libérez un peu plus, et devenez plus fort(e), plus serein(e) et plus confiant(e).

Notes personnelles :

(–) Impatience, irritabilité
(+) Tolérance, patience, calme

(–) Dans cet état d'être négatif, nous ressentons une grande tension mentale. Nous sommes très exigeants par rapport aux autres, très pressés et assez intolérants : tout doit être fait vite et sans qu'il n'y ait rien à redire.

Nous préférons pour ces raisons faire et agir seuls.

Nous sommes nous-mêmes rapides et tout est rapide en nous : notre parler, notre intelligence, nos actions et nos colères aussi... qui retombent aussi vite qu'elles sont venues !

Cette impatience nous rend irritables car les choses ne vont pas aussi vite que nous le voudrions.

(+) Dans l'état d'être positif, la rapidité nous sert intellectuellement car nous réfléchissons rapidement et agissons de même, tout en gardant notre calme intérieur car nous ne cherchons pas à aller vite : nous avons naturellement la capacité de travailler vite. Nous comprenons les différences qui existent entre les êtres et respectons la manière de faire de chacun : nous sommes tolérants et patients.

Réflexion et proposition d'exercices pour l'état d'être négatif

Prenons de courts moments dans la journée pour nous « poser » et efforçons-nous, durant ces pauses, même très courtes, d'être et de vivre dans le moment présent.

Les impatients ont tendance à se projeter facilement

dans le futur comme pour y être déjà et gagner du temps !

Il est donc souhaitable de faire ces pauses en laissant nos pensées s'éloigner, en nous centrant sur le mouvement de notre respiration par exemple.

Chaque fois que nous prenons conscience d'une pensée qui s'est « infiltrée », expirons pour la rejeter et laisser revenir le calme mental.

Le but est également de rester calme lorsqu'une pensée se présente, et de rester bienveillants et compréhensifs envers nous-mêmes dans ce moment-là.

Prenons également conscience que notre rythme n'est peut-être pas celui de nos proches ou de nos collègues.

Lorsque nous ressentons de l'impatience ou de l'irritabilité, nous pouvons nous faire un petit clin d'œil intérieur pour relâcher les tensions et accepter notre manière d'être aujourd'hui, tout en sachant que nous sommes en train de nous transformer.

Allons à la rencontre du petit enfant que nous étions :

Exercice n° 19

Je me donne du temps

1 – Je commence par me détendre comme j'ai l'habitude de le faire, en fermant les yeux et en respirant doucement.

2 – J'imagine le petit enfant que j'étais, je vais à sa rencontre.
3 – Je laisse revenir des souvenirs et je le vois dans une situation où on lui demande d'aller plus vite, de faire plus vite.
4 – Cela crée une émotion en lui et je sens les tensions qu'il ressent à ce moment-là.

5 – Je regarde alors son visage et son corps d'enfant, ses membres et ses mains d'enfant et je réalise qu'il fait les choses à son rythme d'enfant, à sa mesure!
6 – Alors je lui dis que je le comprends et qu'il a le droit d'être lui-même, et de prendre son temps.
7 – Je lui souris et je lui montre que je suis disponible pour lui.
8 – Je le prends dans mes bras, contre mon cœur et je le sens apaisé.

9 – Je le fais alors rentrer en moi et il se fond en moi.
10 – Et je sens à travers lui que c'est moi, l'adulte que je suis aujourd'hui, qui ai le droit d'aller à mon rythme, de vivre paisiblement le moment présent, harmonieusement.
11 – Je sens une énergie douce et apaisante qui circule en moi.
12 – J'imprime bien cela intérieurement.
13 – Je reprends doucement conscience de mon environnement.

Lorsque vous éprouvez de l'impatience au cours de vos activités journalières, reconctactez le petit enfant en vous, en pensant simplement à lui. Dites-lui qu'il a le droit de prendre son temps, libérez-le et relâchez les tensions en même temps que lui. Puis pratiquez l'exercice chaque soir avant de vous endormir, ou à un moment qui vous convient mieux, mais programmez-le pour ne pas l'oublier afin que le petit enfant puisse enregistrer le nouveau message.

Pensez également à votre lieu de calme pour apaiser votre impatience et votre irritabilité.

Notes personnelles :

(–) Incertitude, indécision, doute
(+) Écoute de sa voix intérieure, but, sûreté dans ses choix

(–) Dans cet état d'être négatif, nous sommes souvent dans l'incertitude et le doute, ce qui nous rend hésitants, changeants et versatiles. Il est alors difficile pour nous de prendre une décision et de savoir quelle direction prendre, car nous avons peur de nous tromper.

Cela crée en nous de l'insatisfaction, du découragement et des mal-être.

(+) Dans l'état d'être positif, nous nous relions et faisons confiance à notre intuition pour définir notre but, prendre des décisions, nous sentons ce que nous avons à faire et mettons toute notre énergie, en toute confiance dans la réalisation de nos projets.

Nous en ressentons une grande tranquillité d'esprit et un grand apaisement.

RÉFLEXION ET PROPOSITION D'EXERCICES POUR L'ÉTAT D'ÊTRE NÉGATIF

L'incertitude provoque une agitation mentale épuisante : quand nous croyons avoir enfin pris notre décision, une pensée surgit et tout est remis en question.

L'incertitude et le doute nous ralentissent, nous font hésiter, nous éloignent de nous, intérieurement, comme si nous marchions à côté de notre propre chemin, le regardant, mais retenant notre élan pour le prendre et *nous y engager*. Deux mouvements se heurtent en nous : le mouvement naturel de la vie qui nous donne l'élan et un mouvement parasite inverse qui nous retient. Celui-ci est engendré par la peur, peur de prendre une décision, peur de mal faire, de nous engager.

À observer ces mots « prendre » et « nous engager », nous comprenons où se situe la peur : ne pas oser prendre ce qui nous appartient de la vie, ne pas oser nous engager dans notre vie !

Voici un exercice qui va nous y aider :

Exercice n° 20

Le véritable chemin

1 – Je me détends comme j'ai l'habitude de le faire.

2 – J'imagine mes chevilles ligotées par des liens et je les observe.
3 – Je vois et je sens qu'ils m'empêchent d'avancer, et d'être libre d'aller où il est bon pour moi d'aller.

4 – Je regarde autour de moi et j'aperçois juste à côté, un autre chemin.
5 – Je comprends et je sens qu'il est mon véritable chemin: il est agréable, large, lumineux, coloré, gai... accueillant!

6 – Je vois alors ma silhouette, qui s'y tient debout: elle m'apparaît enjouée, légère, vivante...
7 – Je sens la chaleur et la vie qui s'en dégagent.
8 – Elle me sourit et je comprends qu'elle m'invite à la rejoindre.
9 – Je sens alors de l'élan en moi, mais je sens aussi mes liens qui m'empêchent de faire le moindre pas.
10 – J'observe le chemin sur lequel je suis : il est gris, triste et me semble lourd.

11 – Je comprends alors de quel côté est la vie, de quel côté est ma place véritable et je décide de défaire les liens qui me retiennent et qui me bloquent.
12 – Je me tourne alors vers ma silhouette enjouée et vivante et je laisse faire l'élan naturel qui me porte avec légèreté sur mon véritable chemin.

13 – Je rentre dans ma silhouette, je me fonds en elle, et je m'aperçois qu'elle me va parfaitement : je vois avec mes yeux véritables, je sens ma détermination et mon élan pour m'engager et aller vers mon but, libre et joyeux(se).
14 – Je m'imagine dans une situation de ma vie quotidienne où je ressens tout cela en moi, où je suis vraiment moi-même, en confiance et à l'écoute, et je visualise mon but.

15 – Doucement je reprends conscience de mon environnement.

Pratiquez cet exercice pour bien l'intégrer, et si vous ressentez de l'indécision dans certaines situations de votre vie quotidienne, placez-vous dans votre lieu de calme et faites immédiatement appel aux images de cet exercice, celles que vous ressentez le mieux, les plus « parlantes » pour vous.

Notes personnelles :

(–) Intolérance, domination, critique
(+) Respect des autres, compréhension

(–) Dans cet état d'être négatif et dans notre intolérance, nous n'écoutons pas les autres et ne les respectons pas. Nous dirigeons tout, imposons, donnons des ordres sans nous soucier de ce que les autres pensent. Nous sommes inflexibles, voulons dominer et exigeons obéissance et soumission. Et cela peut aller parfois jusqu'à la tyrannie.

(+) Dans l'état d'être positif, nous avons les capacités pour diriger. Nous pourrions dire que notre autorité fait partie de notre être d'une manière juste et calme, et en ceci nous n'avons pas besoin et ne cherchons pas à dominer : les autres perçoivent notre force et notre beauté intérieures et désirent naturellement participer à l'élan commun de réussite, en confiance.

Nous dirigeons dans le respect des autres et avec compréhension. Nous nous comportons comme un guide qui sait écouter et communiquer aux autres sa détermination et sa confiance, les aidant ainsi dans leur développement intérieur.

C'est l'exemple du pédagogue que certains d'entre nous auraient aimé rencontrer lorsqu'ils étaient enfants, celui qui a compris que ce n'est pas en dominant l'autre qu'on peut l'aider à grandir...

Réflexion et proposition d'exercices pour l'état d'être négatif

Il peut être difficile pour nous de reconnaître que nous sommes dominateurs parce que nous ne voulons rien entendre, ni des autres, *ni de nous-mêmes*. Nous ne nous respectons pas, pas plus que nous ne respectons les autres...

Or en dirigeant avec notre « carapace » autour de nous, nous pensons nous protéger, mais en réalité nous créons des tensions en nous.

Dominer les autres sans les écouter peut être une réaction devant notre propre peur inconsciente de ne pas être écoutés nous-mêmes.

Dans un premier temps, observons notre ressenti intérieur lorsque nous nous rendons compte de la domination que nous exerçons vis-à-vis de quelqu'un, comme si nous ouvrions un peu la porte de notre « carapace», pour simplement observer ce qui se passe derrière, sans analyser.

Ensuite, dans le calme, nous pratiquerons l'exercice suivant qui va nous permettre de réaliser que nous pouvons garder le contrôle de la situation et que nous pouvons diriger sans créer de tensions en nous, ni chez les autres, bien au contraire. Nous sommes alors dans la compréhension commune du bienfait de communiquer vraiment. Les autres reconnaissent naturellement notre capacité à diriger de tout notre être, c'est-à-dire à l'écoute de nous-mêmes et des autres, c'est-à-dire de manière juste et apaisée.

Quel besoin de créer des tensions si nous pouvons obtenir davantage, c'est-à-dire être dans un enrichissement humain commun ?

Exercice n° 21

Tolérance et respect

1 – Je me détends de la manière la plus agréable pour moi.

2 – Je me remémore une situation où je suis dans l'intolérance et la domination.
3 – Je relâche les tensions créées en les expirant et j'imagine de la lumière blanche tout autour de moi: c'est une lumière et une énergie rassurantes, protectrices et je suis apaisé(e) et confiant(e).

4 – J'imagine alors tous mes sens bien en éveil, comme des antennes en train de veiller sur moi. Ils me permettent de sentir que je garde le contrôle de la situation sans que j'ai besoin d'intervenir avec ma volonté.

5 – Et je relâche encore plus profondément, afin de ne pas interférer par rapport au travail de mes sens : je les laisse faire.

6 – Je pense à la personne envers qui j'étais dans la domination et l'intolérance.
7 – Je vis maintenant la situation en me mettant à son écoute grâce à tous mes sens : je les vois et je les sens comme des antennes qui me guident.
8 – Et je m'aperçois que je regarde cette personne d'une manière différente, comme si pour la première fois je la regardais vraiment.
9 – Je la découvre, et à travers ses yeux je sens qu'elle a un cœur et je réalise qu'elle a le même besoin que moi d'exister et d'être reconnue!
10 – J'en ressens une joie paisible et profonde.

11 – Mes sens sont toujours en éveil et je sens en moi ma capacité à diriger, mais d'une autre manière: avec respect, respect de moi-même et respect des autres.
12 – Je laisse cette pensée et mon ressenti cheminer en moi et j'imprime bien cela dans tout mon être.

13 – Je reprends doucement conscience de mon environnement, en gardant mon nouveau regard sur moi-même et les autres.

Pratiquez cet exercice tous les jours, le soir avant de vous endormir par exemple, jusqu'à ce que vous ayez bien intégré cette nouvelle vision du monde.

Pensez, dans votre vie quotidienne, à regarder les gens que vous rencontrez avec votre nouveau regard, tout en sachant que tous vos sens sont en éveil et vous guident.

Notes personnelles :

(–) Pensées obsédantes
(+) Pensées calmes et constructives, force

(–) Dans cet état d'être négatif, nous sommes dans une conversation mentale incessante avec nous-mêmes, en rapport avec nos préoccupations. Nos pensées agitées que nous ne maîtrisons pas, tournent dans notre tête sans relâche et nous empêchent de trouver la solution à nos problèmes. En outre, les tensions sont si intenses qu'elles nous épuisent.

(+) Dans l'état d'être positif, le mental est calme et les pensées que nous maîtrisons sont constructives. Cette maîtrise donne de la force à notre pensée et à nous-mêmes, ce qui nous permet d'avoir accès à la solution qui est juste pour nous, d'une façon claire.

Réflexion et proposition d'exercices pour l'état d'être négatif

Quelles que soient nos occupations, des pensées obsédantes tournent sans cesse dans notre tête, et donne lieu à une conversation mentale sans fin.

Nous ne contrôlons pas ces pensées, elles arrivent sans même que nous nous en rendions compte, elles nous transportent n'importe où et provoquent en nous des émotions parasites, des tensions et de l'épuisement, comme si nous étions vidés de notre énergie.

Dans la 1re partie de ce livre, nous avons parlé du rôle essentiel des pensées sur notre état d'être émotionnel, le stress et notre santé. Lorsque nous pensons, nous déclenchons une réaction émotionnelle. Si la pensée est positive, nous sommes dans un sentiment de bonheur, si la pensée est négative nous sommes dans un état d'être émotionnel négatif qui engendre des tensions.

Or, les pensées obsédantes ici, sont des pensées négatives qui créent en nous des ressentis douloureux et destructeurs, car ils sont souvent répétés et font que cet état est entretenu et réactivé régulièrement.

Il s'agit dans un premier temps d'être attentifs aux moments où ces pensées arrivent pour ensuite les neutraliser et les transformer.

Nous pouvons imaginer un petit bonhomme amusant qui nous fait signe de stopper, dès que nous pensons négativement ! Que son intervention soit un petit clin d'œil qui nous rappelle simplement que nous ne partons pas dans la bonne direction. Nous pouvons l'imaginer ensuite qui nous montre le chemin des pensées positives et qui nous invite à reformuler de façon différente. Et nous le faisons, bien en conscience de notre changement d'attitude intérieure.

Entraînons-nous dans le quotidien à relâcher nos

pensées, comme nous relâchons une tension et pensons à la main qui s'ouvre et qui libère (chapitre sur le lâcher-prise).

L'exercice suivant va nous en donner une image assez parlante.

Exercice nº 22

Le coquillage libérateur

1 – Je me détends comme j'ai l'habitude de le faire.

2 – Je pense aux idées obsédantes qui tournent sans cesse dans ma tête.
3 – Je les imagine maintenues dans un coquillage bien fermé.
4 – Je sens l'étroitesse dans laquelle elles se trouvent prisonnières, et je vois l'espace infini et clair qui se trouve à l'extérieur de cette « prison ».

5 – Je décide alors de les relâcher, et en inspirant je laisse le coquillage s'ouvrir très doucement...
6 – L'air qui pénètre à l'intérieur avec une infinie délicatesse, permet d'espacer les pensées en apportant de la légèreté et de la clarté à l'intérieur.

7 – L'air continue à circuler doucement et je classe mes pensées: il y a les pensées à garder (très peu) et les pensées à relâcher (beaucoup!).
8 – Le coquillage s'ouvre un peu plus largement et libère les pensées.
9 – Je sens ma tête agréablement légère, un grand bien-être m'envahit et je prends un moment pour apprécier ce calme et cette tranquillité mentale.

10 – Doucement, je reprends conscience de mon environnement.

Veillez à ce coquillage, afin qu'il reste ouvert et que l'air circule doucement et librement à l'intérieur pour que vous puissiez continuer à relâcher naturellement les pensées indésirables. Cela vous apportera beaucoup de clarté et d'apaisement.

Notes personnelles :

(–) POSSESSIVITÉ, ÉTROITESSE
(+) OUVERTURE D'ESPRIT, ABONDANCE

(–) Dans cet état d'être, nous aimons que nos proches soient « sous notre aile », telle une « mère poule » pour pouvoir veiller sur eux. Si nous sommes parents, nous acceptons mal que nos enfants prennent leur envol et nous essayons de les retenir près de nous, de leur rappeler que nous sommes là en interférant dans leurs affaires par exemple.

Nous cherchons (inconsciemment) à ce que les autres nous rendent l'amour que nous leur donnons... et nous nous en plaignons s'ils ne le font pas.

Nous avons peur de perdre ceux que nous aimons, peur qu'ils nous aiment moins si nous ne sommes pas présents d'une manière ou d'une autre, et nous en souffrons beaucoup.

(+) Dans l'état d'être positif, l'amour est inconditionnel. Nous aimons les autres sans conditions, car nous sommes « remplis » de cette énergie que nous nous donnons à nous-mêmes et que nous partageons.

À travers notre amour, nous donnons la sécurité et la liberté. Dans cet état d'être positif, il n'y a pas de calcul ni d'étroitesse d'esprit, il y a un cœur ouvert, un cœur dans l'abondance.

RÉFLEXION ET PROPOSITION D'EXERCICES POUR L'ÉTAT D'ÊTRE NÉGATIF

Nous cherchons à retenir et à garder près de nous, par peur de perdre ceux que nous aimons. Et plus nous les retenons, plus nous les étouffons. Nous, nous ne le comprenons pas ainsi, nous pensons que nous agissons pour leur bien, pour les protéger et nous sommes profondément triste si on nous le reproche.

C'est notre manière d'envisager l'amour que nous avons besoin de transformer. Nous le vivons étroitement et petitement, donc nous pensons qu'il faut le retenir absolument près de nous, or

il est infini... l'amour est sans limite !

– Si nous laissons circuler librement cette énergie en nous, nous pouvons vraiment la partager avec les autres et aimer les autres tout en leur laissant leur liberté.

– Si nous calculons l'amour donné et l'amour reçu, il circule difficilement, donc nous ne pouvons que très peu le partager avec les autres et nous avons besoin, lorsque nous leur en donnons, qu'ils nous le rendent.

Le but est alors de nous ouvrir à cet amour infini et de sentir qu'il circule en abondance.

Aussi, pratiquons l'exercice suivant, afin que ses images nous fassent sentir tout l'amour qui est en nous et que nous ne soupçonnons pas !

Exercice nº 23

L'amour sans limite

1 – Je me détends comme j'ai l'habitude de le faire.
2 – J'imagine un endroit merveilleux où il y a abondance de douceur, de couleurs, de lumière, de sourires, de rires, de partages, de chaleur, de joie... d'énergie d'amour et de vie.
3 – Je regarde cette abondance et je la vois extérieure à moi, comme si j'étais à l'écart, le cœur triste.

4 – Je m'approche alors, et je suis si près que je rentre dans cet endroit merveilleux...
5 – J'en fais maintenant partie et j'inspire l'abondance de couleurs, de lumière, de rires, de joie, etc. et l'énergie de vie et d'amour qui circulent dans cet espace. (je fais plusieurs inspirations)

6 – Je sens mon cœur s'animer doucement en moi.
7 – Je me sens bien et je réalise que cet espace a toujours été en moi et que je ne le voyais pas!

8 – Et maintenant, plus j'inspire plus je fais circuler en moi l'énergie d'amour.
9 – Mon cœur rayonne et je le sens vivre joyeusement.

10 – Puis j'imagine mes proches, venant vers moi.
11 – Mon attention est retenue par une puissante lumière au niveau de leur cœur, qui rayonne en eux.
12 – Et je ressens cette même puissante lumière en moi.
13 – Je m'avance et prends chacun d'eux dans mes bras, contre mon cœur...
14 – Je laisse nos cœurs et cet amour se rencontrer librement.
15 – J'imprime bien toutes ces images en moi.

16 – Je reprends doucement conscience de mon environnement.

Plus vous pratiquerez cet exercice, plus vous vous sentirez libre de tous calculs concernant l'amour à donner et à recevoir, et cette abondance vous fera sentir votre véritable dimension.

Notes personnelles :

(–) TIMIDITÉ, PEUR DU REGARD OU DU JUGEMENT DES AUTRES, SENTIMENT D'INFÉRIORITÉ (+) ASSURANCE, TRANQUILLITÉ, CONFIANCE EN SOI ET EN SES CAPACITÉS

(–) Dans cet état d'être négatif, nous avons peur du regard et du jugement des autres sur notre propre valeur. Cela crée en nous de l'anxiété et une tension physique qui se manifeste extérieurement dans notre attitude, notre façon de nous exprimer, etc. Notre peur des autres nous pousse à nous effacer, à nous faire tout petits, à disparaître parfois sous un prétexte quelconque.

(+) Dans cet état d'être, nous avons conscience de notre valeur et nous nous sentons assurés, d'une façon juste et harmonieuse, c'est-à-dire sans fausse modestie, ni excès. Nous comprenons que nous avons notre place et qu'elle est importante. Nous sommes, intérieurement et physiquement, dans une attitude de confiance.

RÉFLEXION ET PROPOSITION D'EXERCICES POUR L'ÉTAT D'ÊTRE NÉGATIF

Nous disparaissons ou nous nous effaçons parce que nous ne croyons pas en nous. Les autres nous paraissent plus forts ou plus doués... mieux que nous.

Or, qu'est-ce qui nous fait croire cela?
Avons-nous des preuves qui nous permettent
de croire une telle chose?

Se faire tout petit, c'est renier son existence!

C'est s'empêcher de respirer tout l'air dont on a besoin pour exister et faire circuler la vie en soi, c'est ne pas prendre l'espace dont on a besoin pour exister, pour s'exprimer, c'est se laisser envahir par les autres, c'est laisser sa place aux autres, par peur des autres.

Mais qui sont-ils ?

Ils sont comme nous, exactement comme nous, c'est-à-dire des êtres humains qui ont les mêmes besoins vitaux que nous. Nous avons tous peur inconsciemment des autres pour la plupart. Nous ne le manifestons pas et ne l'exprimons pas tous de la même façon, mais nous avons tous peur de ne pas être aimés, reconnus ou acceptés tels que nous sommes.

Pour ne plus avoir peur, satisfaisons nos propres besoins, reconnaissons notre valeur et soyons confiants, ainsi ce que les autres pensent, nous atteint beaucoup moins !

Ce qu'ils pensent de nous est en rapport avec leurs propres émotions, ce qui signifie que cela n'a rien à voir avec nous précisément. Prenons un exemple : imaginons que je sois dominatrice et que vous soyez timide.

Vous croyez que je suis plus forte, plus imposante que vous, et vous vous effacez (en n'osant pas aller à l'encontre de mes paroles par exemple).

Or si je suis dominatrice, c'est parce qu'inconsciemment, *j'ai peur* de ne pas être écoutée ou peur qu'on ne reconnaisse pas ma place.

Donc je vous domine parce que j'ai peur et non pas parce que vous n'avez pas de valeur !

Mon comportement n'a rien à voir avec vous précisément, mais avec moi !

Je vous propose de pratiquer la respiration complète, debout, en sentant vos deux pieds bien ancrés sur le sol, telle que je vous l'ai présentée dans la 1re partie du livre, et de la *pratiquer tous les matins*, avant de commencer vos activités.

Pour rendre cette respiration encore plus efficace, visualisez en même temps ce qu'elle représente : sentez que vous respirez, donc que vous existez et imaginez-vous dans une situation de votre vie quotidienne en train d'exister, de vous exprimer de manière harmonieuse, etc.

Lorsque vous êtes en face de quelqu'un qui vous déstabilise, pensez immédiatement à prendre cette attitude physique de confiance en vous.

Et si vous êtes déjà dans l'émotion, rectifiez très vite en expirant les tensions ou en retrouvant votre lieu de calme, puis pratiquez la respiration complète dans l'attitude intérieure correspondante.

Notes personnelles :

(–) Rancœur, ressentiment
(+) Responsabilité vis-à-vis de soi, autonomie

(–) Dans cet état d'être négatif, nous avons l'impression que ce sont les autres et les circonstances qui sont responsables de nos malheurs donc nous en cherchons la cause partout, sauf en nous-mêmes.

Nous subissons les événements et nous plaçons souvent en victime. Nous pensons ne pas mériter ce qui nous arrive et trouvons que ce n'est pas juste, nous disons même être nés « sous une mauvaise étoile » et sommes très amères dans nos propos, négatifs et souvent rabat-joie. Nous en ressentons de fortes tensions qui nous font bouillir intérieurement.

(+) Nous comprenons que nous sommes seuls responsables de ce qui se passe dans notre vie, car nous savons que la pensée est créatrice, et qu'une pensée positive engendre un ressenti positif et des situations positives à vivre. Si nous connaissons un moment difficile, nous cherchons à comprendre pourquoi, et faisons la démarche intérieure nécessaire pour rétablir équilibre et harmonie.

Réflexion et proposition d'exercices pour l'état d'être négatif

Si nous avons tendance à toujours en vouloir aux autres, à avoir du ressentiment envers eux dès qu'il nous arrive quelque chose, et même lorsqu'il ne nous arrive rien, arrêtons-nous un instant et observons-nous.

- Observons notre cœur : il est triste et se resserre sur lui-même...
- Observons notre vie : elle est sans couleurs...
- Observons nos pensées : elles sont la plupart du temps négatives et remplies de ressentiments...

Elles nous apportent naturellement des situations à vivre qui ne sont ni joyeuses, ni entraînantes et dans lesquelles nous allons entretenir du ressentiment envers les autres et envers la vie. Cette attitude intérieure fait obstacle à notre épanouissement et nous nous replions au lieu de nous ouvrir.

Comme si nous avions peur de regarder en nous, croyant que nous n'avons pas les ressources ni les capacités pour nous redresser et *exister par nous-mêmes* !

Imaginons notre vie comme un bateau dont nous tenons le gouvernail : lorsque nous heurtons un récif, c'est nous qui sommes seuls responsables du choc, c'est nous qui avons amené notre bateau contre ce récif, et ni notre bateau, ni personne ne nous a poussé à le faire. En effet, c'est *nous qui tenons le gouvernail*, c'est donc *nous qui décidons* là où nous voulons aller. Or lorsque nous tenons pour responsables le récif (les autres) ou le bateau (la vie), cela signifie que ce sont eux qui nous mènent où ils veulent... et que nous n'existons pas !

Par contre, lorsque nous heurtons un récif et que nous nous remettons en question, nous prenons conscience que nous avons créé nous-mêmes la situation : nous avons peut-être manqué d'attention, nous avons recommencé la même erreur, nous avons manqué de confiance en nous et donc laissé les autres décider pour nous.

Grâce à cette observation, le prochain récif sera en vue bien plus tôt et nous laissera le temps de rectifier notre direction, car nous voguons maintenant en confiance, attentifs à nos pensées et à ce qui se manifeste en nous.

Servons-nous de cette image pour éliminer progressivement cet état d'être négatif, en pratiquant l'exercice suivant.

Exercice nº 24

Maître à bord!

1 – Je me détends comme j'ai l'habitude de le faire.
2 – J'imagine que je suis au gouvernail de mon bateau: le bateau symbolise ma vie, et le gouvernail, mon pouvoir de penser et de décider.
3 – Je vogue sur une eau calme et je vois tout autour de moi des récifs plus ou moins gros.

4 – Je suis debout devant mon gouvernail et je sens mes deux pieds bien en contact avec le plancher du bateau que je sens solide, stable, qui me soutient et qui me porte: cela représente ma vie... en laquelle j'ai confiance.

5 – Je prends le gouvernail entre mes mains et je sens sa consistance solide et sécurisante, sa grosseur parfaitement adaptée à la taille de mes mains et de mes bras et sa maniabilité exceptionnelle: cela indique que j'ai toutes les capacités pour maîtriser mes pensées et décider de ce qui est juste pour moi.

6 – Je me sens en confiance et je pratique la respiration complète, conscient(e) de ma position de maître à bord.

7 – Je ressens une grande joie d'être responsable de ma vie, à l'écoute de mon intuition qui me guide à travers les récifs.

8 – Je m'imagine naviguant avec aisance sur l'eau tantôt calme, tantôt agitée, passant loin des récifs ou parfois les frôlant de très prêt... bien présent(e) à moi-même et en confiance.

9 – Si je pratique le soir, je reste dans l'état de relaxation et je m'endors paisiblement.
9bis – Si je pratique à un autre moment, je reprends doucement conscience de mon environnement, comme je le fais d'habitude.

Vous pouvez également vous libérer de ressentiments que vous éprouvez envers quelqu'un en écrivant une lettre. *Vous n'enverrez pas cette lettre* car le but n'est pas de créer de nouvelles tensions entre vous et la personne, ni de lui être désagréable, mais essentiellement de vous permettre *d'exprimer quelque chose qui est prisonnier en vous.* Ne mettez pas la personne en cause, ne lui en voulez pas... exprimez simplement votre émotion *pour vous en libérer.*

Notes personnelles :

(–) Rigidité, dureté envers soi-même et les autres
(+) Souplesse d'esprit, compréhension, douceur

(–) Dans cet état d'être, nous nous imposons une discipline de vie stricte et sévère. Nous avons recours à la force de volonté, au raisonnement pour nous améliorer et nous perfectionner. De ce fait, nous nous attachons aux théories sans nous respecter nous-mêmes, donc sans écouter ni nos ressentis, ni le langage de notre corps, ni notre voix intérieure.

Nous avons tendance à croire que ceci est la seule vraie manière de fonctionner et il nous arrive de l'imposer aux autres. En outre, nous croyons souvent les plaisirs incompatibles avec nos principes rigides. Et cette rigidité vécue dans notre tête est également ressentie dans notre corps.

(+) Lorsque nous vivons positivement cet état d'être, nous avons acquis une compréhension vis-à-vis de nous-mêmes qui nous montre l'importance d'écouter ce que nous ressentons profondément pour progresser, de nous ouvrir à cette écoute pour développer une souplesse d'esprit qui nous permet de remettre en question nos théories, dans le calme et la douceur intérieure.

Réflexion et proposition d'exercices pour l'état d'être négatif

Cette attitude envers nous-mêmes est dure et éloignée du regard bienveillant dont nous avons déjà parlé.

Nous pensons qu'il ne faut pas nous laisser aller et nous passons dans les extrêmes en voulant tout maîtriser en nous par la volonté et nous avons, à travers cette rigidité, l'impression d'être plus efficace et d'avoir un certain pouvoir sur nous-mêmes.

Observons ce pouvoir...

– Que représente-t-il pour nous ?

– Pourquoi y tenons-nous autant ?

– En quoi la douceur et le plaisir que nous pourrions nous donner nous font-ils peur ? Que risquons-nous ?

Imaginons maintenant la souplesse d'esprit...

– Que représente-t-elle pour nous ?

– À quoi nous fait-elle penser ?

– Comment l'avons-nous interprétée étant enfant ?

Essayons d'approfondir nos réponses car elles nous guident dans la compréhension de notre état d'être.

Nous avons probablement développé cette attitude par rapport au modèle parental, par rapport à ce que nous avons entendu, vu ou ressenti lorsque nous étions enfant, et cela s'est inscrit en nous de manière à ne pas nous laisser le choix ou le droit de fonctionner autrement.

Mais aujourd'hui, nous ressentons peut-être que cette rigidité mentale nous bloque, dans notre tête et dans notre corps. Elle est comme un carcan qui diminue beaucoup notre écoute, notre ressenti, notre sensibilité envers nous-mêmes...

Voici une observation qui va vous aider à retrouver l'écoute et le respect de vous-même.

Exercice nº 25

Bienveillance et respect

1 – Je pense à une situation que j'ai vécue de manière rigide, ou que je suis en train de vivre.
Prenons un exemple pour facilité l'explication : je suis fatiguée suite à un choc et je ne me donne pas le droit de m'arrêter, de faire une pause pour récupérer (ce qui signifie que par ma force de volonté, je continue comme si rien ne s'était passé).
2 – J'observe particulièrement la manière dont je me parle.

3 – Je pense maintenant à une personne que j'aime bien et j'imagine qu'elle est en train de m'expliquer ce qui lui est arrivé; et je constate que ce qu'elle me dit correspond à ce que j'ai vécu.
4 – Qu'ai-je envie de lui conseiller?
5 – Vais-je lui dire de se secouer un peu, de faire comme si de rien n'était, de ne pas écouter son corps qui est en train de lui montrer qu'elle doit ralentir son rythme habituel, etc.?

6 – Si j'aime cette personne, je vais au contraire lui conseiller avec bienveillance de tenir compte de son état de fatigue, de prendre soin d'elle-même, de respecter son rythme, etc.
7 – Peut-être pourrais-je faire la même chose pour moi-même?
8 – Être à l'écoute et me parler avec compréhension et respect...
9 – Me dire que la volonté est une grande qualité que j'ai en moi, mais que je l'utilise sans nuance, car je

peux avoir de la volonté et en même temps écouter et respecter ce que je ressens.

10 – Je prends alors conscience que volonté et écoute ont autant d'importance l'une que l'autre et qu'elles sont complémentaires.
– De la volonté sans écoute peut devenir de la rigidité.
– De la volonté avec écoute peut devenir du respect.
– De l'écoute sans volonté peut devenir de la mollesse.
– De l'écoute avec volonté donne l'élan nécessaire pour progresser.

11 – Je prends un moment pour m'imprégner de cette compréhension.
12 – Et doucement je retrouve mes activités.

Notes personnelles :

(–) Perfectionnisme
(+) Simplicité, satisfaction, acceptation

(–) Dans cet état d'être nous souffrons d'insatisfaction presque permanente, nous trouvons toujours le détail qui nous dévalorise, nous ou notre travail. Dans cet excès, nous n'acceptons pas les félicitations et faisons immédiatement ressortir ce qui nous dérange et qui n'est pas parfait à nos yeux. Nous avons ce même regard sur ce que font les autres et manquons d'indulgence et de compréhension.

(+) Nous savons que nous progressons chaque jour un peu plus, et nous pouvons nous réjouir de nos possibilités et capacités présentes car ce sont elles qui vont nous permettre d'accéder à nos compréhensions futures. Aussi, nous reconnaissons notre propre valeur et acceptons avec simplicité qu'on nous complimente.

Rien n'est définitif... le chemin de chacun mène vers la perfection, chacun évoluant à son rythme.

Réflexion et proposition d'exercices pour l'état d'être négatif

Dans cet état d'être négatif, la perfection est le sommet que nous nous fixons d'atteindre dans chacune de nos entreprises, quelles que soient leur importance et leur difficulté.

Nous voulons donner un côté définitivement parfait à ce que nous accomplissons, comme si nous figions la perfection dans le temps. Nous ne supportons pas l'idée de ne pas l'être, or nous progressons, nos compréhensions s'élargissent et nous ne sommes pas figés dans notre évolution. Ce que nous faisons aujourd'hui tend vers la perfection, comme une pierre ajoutée à l'édifice.

Nous ne pouvons pas l'envisager dans le définitif, ce serait une forme d'étroitesse d'esprit qui nous entraînerait vers un blocage. Elle est au contraire infinie et fait partie de notre être : nous la portons en nous !

Nos ressources sont infinies, notre évolution est permanente et rien n'est définitif : *là est la perfection.*

Élargissons notre regard, sentons qu'elle est en nous et qu'elle nous porte... Vivons-la !

Elle est mouvement, vivante et animée, elle est énergie...

En étant perfectionniste, nous créons artificiellement une sorte de perfection que nous recherchons à l'extérieur de nous, c'est pourquoi elle nous rend la plupart du temps insatisfaits et provoque un mal-être.

Nous sommes des êtres vivants qui avons en nous les capacités parfaites et les ressources parfaites pour réaliser ce que nous appellerons, « l'œuvre de notre vie », c'est-à-dire ce que nous avons à faire, chacun précisément, durant notre vie. Nous pouvons alors nous appuyer sur cette perfection là et la chercher en nous.

Acceptons également avec simplicité d'apprendre encore et encore, sentons et voyons qu'à travers tout ce que nous faisons, créons ou produisons, nous progressons grâce à notre perfection intérieure.

Pratiquons l'exercice suivant qui nous aidera à transformer notre regard.

Exercice n° 26

Nouveau regard

1 – Je me détends comme j'ai l'habitude de le faire.

2 – J'imagine ma vie comme un immense tableau circulaire animé devant moi.
3 – Dans ce tableau, je sens que tout est vivant, en mouvement, en constante évolution.

4 – Et j'aperçois au centre un point d'une intense luminosité, d'où part le mouvement.
5 – Je sens que là est la perfection qui éclaire et anime le tableau de ma vie, comme une énergie puissante.

6 – Alors je m'approche et je ressens ce point lumineux et cette énergie au niveau de mon cœur, comme une vibration.
7 – Je m'approche encore et je me fonds dans le tableau.
8 – Je suis maintenant en son centre et je suis le point lumineux.

9 – Je prends alors conscience que si je suis le point lumineux, alors je porte en mon être la perfection qui anime le tableau de ma vie...
Je suis vivant(e), mouvement, évolution et perfection!

10 – J'imprime bien cela en moi pour garder cette compréhension et ce ressenti dans tout mon être.
11 – Je décide qu'à partir de maintenant, je suis et je demeure ce point lumineux avec ce que cela symbolise.

12 – Je m'imagine ainsi dans ma vie quotidienne, avec mon regard qui s'est adapté à mes nouvelles compréhensions.

13 – Je reprends doucement conscience de mon environnement.

Notes personnelles :

(–) Égocentrisme, égoïsme
(+) Écoute et intérêt pour les autres

(–) Nous ne sommes préoccupés que par nous-mêmes et recherchons notre « public » qui va pouvoir nous écouter parler de nous et de nos problèmes. Nous sommes totalement absorbés par nos propres pensées, ramenons toujours le centre d'intérêt vers nous et ne pouvons écouter les autres dans ces conditions.

Nous avons peur inconsciemment d'être « oubliés »

au milieu des autres et faisons en sorte, malgré nous, qu'on nous remarque. Notre besoin vital est si grand qu'il y a une sorte de désespoir au fond de nous.

(+) Dans l'état d'être positif, nous comprenons que nous pouvons exister et être reconnus sans accaparer tout le monde. Nous savons que, comme tout être humain, nous avons de l'intérêt et sentons que nous avons notre place parmi les autres. Alors nous sommes en confiance et pouvons véritablement les écouter.

RÉFLEXION ET PROPOSITION D'EXERCICES POUR L'ÉTAT D'ÊTRE NÉGATIF

Tous les êtres humains ont besoin d'être reconnus, de leur conception et jusqu'à la fin de leur vie.

Certains enfants croient ne pas l'être par leurs parents, comme s'ils n'avaient pas leur place, et pour survivre, ils vont déployer une énergie très grande pour montrer qu'ils existent.

Ce fut peut-être votre cas et vous êtes devenu dépendant(e) des autres pour exister, et encore aujourd'hui en tant qu'adulte : vous avez besoin d'amener l'attention sur vous, de parler beaucoup de vous en « forçant » les autres à vous remarquer (vous ne leur donner pas le choix), et dans cette attitude désespérée, vous ne les écoutez pas et n'êtes préoccupés que par vous-même.

Vouloir prendre de force ce dont nous avons tant besoin n'est probablement pas la juste manière d'agir. Cela nous épuise et en outre nous épuisons souvent les autres en exerçant une pression sur eux... ce qui les éloigne de nous et nous obtenons l'effet inverse !

Essayons d'ouvrir les yeux sur nos besoins et la juste manière de les satisfaire. Faisons une pause dans notre vie, regardons ce qui s'y passe et essayons d'être les plus objectifs possible.

Cet exercice va nous y conduire.

Exercice n° 27

Une place parfaite

1 – Je me détends comme j'ai l'habitude de le faire.

2 – J'imagine que je suis au sommet d'une haute montagne, l'endroit est vaste, très beau et paisible.
3 – Je suis assis(e) parmi des êtres qui dégagent une énergie d'amour que je ressens dans mon cœur avec bonheur.

4 – Nous formons un cercle parfait à nous tous. Chacun ayant sa place.
5 – Puis tous se tournent vers moi et me disent comme une seule voix:

> *« Regarde ce cercle parfait où chacun a sa place. Si un de nous manquait, quel qu'il soit, nous le verrions et le sentirions immédiatement car chacun a son importance et sa responsabilité dans la constitution de ce cercle parfait. »*

6 – J'écoute avec une grande attention, et je comprends que :
7 – Moi, comme tous les autres, j'ai ma place.
(le cercle symbolisant l'ensemble des êtres sur la terre).
8 – Il est important que je sois là, à cette place.
9 – J'ai à accomplir quelque chose dans mon existence... par le seul fait que j'existe, car la place de chacun est d'égale importance.

10 – Je suis responsable car si je viens à manquer, c'est-à-dire si je ne donne pas toute son importance à mon existence, je déséquilibre l'ensemble.
11 – J'imprime bien tout cela en moi et je vais relire le plus souvent possible ces quatre derniers points (7, 8, 9 et 10), en conscience, afin de les intégrer et de les mettre en pratique chaque fois que mes pensées seront négatives.

12 – Je reprends doucement conscience de mon environnement.

Dans votre vie quotidienne, observez votre comportement, et avant d'aborder les autres, pensez à réactiver vos nouvelles compréhensions.

Notes personnelles :

(–) Faiblesse de volonté et de caractère, difficulté à dire « non » (+) Respect de soi, discernement juste

(–) Dans cet état d'être, nous éprouvons une grande difficulté à respecter notre individualité. Dans notre désir de rendre service aux autres, nous oublions que nous existons, comme si nous n'avions pas d'importance.

Nous obéissons, ne discutons pas et calquons souvent nos opinions sur celles de personnes qui nous paraissent « fortes ».

Nous donnons toute notre énergie pour les autres en n'osant pas leur refuser notre aide, par peur de dire « non », peur de ne pas être aimés, peur de leur jugement, ou encore par rapport à notre éducation. Nous nous rendons ainsi esclaves des autres.

(+) Lorsque nous vivons positivement cet état d'être, nous savons donner et rendre service aux autres tout en nous respectant, ce qui donne une certaine fermeté bienveillante à notre personnalité. Cela signifie que nous avons compris l'importance d'exister tels que nous sommes, et d'être reconnus comme tels. Nous avons intégré notre droit d'être nous-mêmes et nous avons confiance en nous. Nous pouvons dire « non » tout en donnant beaucoup d'amour aux autres.

Réflexion et proposition d'exercices pour l'état d'être négatif

Nous sommes comme une fleur qui ose à peine sortir de terre et encore moins éclore, et si une voisine un peu imposante nous demande d'éliminer quelques unes de nos racines qui la gênent (pense-t-elle), nous lui obéissons promptement, « oubliant » que nous en avons besoin pour notre propre développement !

L'exercice n° 28 va nous permettre de sentir l'élan d'exister et de vivre qui sommeille en nous, de le libérer afin de retrouver force et harmonie en nous-mêmes.

Au départ je vous conseille de pratiquer l'exercice en deux ou trois temps car il est un peu long.

Exercice n° 28

La Fleur

1 – Je me détends comme j'ai l'habitude de le faire.
2 – J'imagine un endroit dans la nature, magnifiquement fleuri. La terre y est belle, une rivière y coule paisiblement, l'air y est léger et le soleil l'illumine et le chauffe de manière idéale.
3 – Je m'y sens bien et à mon aise.

4 – J'observe les fleurs épanouies et superbes devant moi et mon regard est attiré par l'une d'entre elles.
5 – Je m'en approche et je vois plus en détail sa couleur, sa forme, sa hauteur, ses feuilles et sa tige.
6 – Je ressens cette fleur comme ma fleur, comme si elle existait au plus profond de moi.
7 – Je m'installe devant elle et je me fonds en elle.

8 – Je suis maintenant la fleur: je sens mes racines sous mes pieds, ma tige montant dans mes jambes et dans mon corps, mes feuilles se déployant dans mes bras et ma corolle épanouie au niveau de mon visage.
9 – Je me relie à elle par mon cœur et je me prépare à revivre le chemin qu'elle a parcouru jusqu'à maintenant, en le ressentant intérieurement.

2e partie

10 – Je suis dans la terre, engourdie par le froid, parmi d'autres graines de toutes tailles.
11 – La terre est encore froide, mais je me sens en confiance par rapport à mon développement et j'ai de l'espace.

12 – Puis elle se réchauffe, s'humidifie, et je me transforme doucement en ressentant en moi un élan irrésistible qui me pousse vers l'extérieur: un germe sort, preuve de la vie qui circule en moi.
13 – Je sens la force que je porte en moi, je grandis, mes racines se forment.
14 – Je suis maintenant arrivé(e) au moment de sortir de terre. Je suis confiante et je vois que tout existe en abondance: ma nourriture et mon espace vital pour me développer.

3e partie

15 – Puis je vois à mes côtés une fleur, qui paraît plus grosse que moi et qui me demande de réduire l'ampleur de mes racines car dit-elle, elle a besoin de place.
16 – Elle est plus imposante que moi par la taille, mais je sens la vie qui circule en moi et qui m'a conduit jusque là et je recontacte ma confiance que je sentais déjà alors que j'étais encore une graine.

17 – Je dis à la fleur voisine que je comprends sa peur de manquer de place, mais que je ne peux pas réduire mon espace vital car nous avons les mêmes besoins.
18 – Et je la rassure en lui montrant l'abondance et l'espace tout autour de nous.

19 – J'ai respecté mes besoins, ma place et je sens ma force intérieure et ma joie.
20 – La fleur voisine a trouvé sa place elle aussi.

21 – Puis je sors de terre, vers la lumière... et bientôt un bourgeon se forme et se prépare à éclore... pour s'ouvrir en toute confiance.
22 – Il s'épanouit et resplendit et je ressens tout cela en moi avec joie.

23 – Doucement je sors de ma fleur, tout en restant relié(e) à ma confiance que je vais continuer à réactiver en moi.

24 – Je reprends lentement conscience de mon environnement.

Si vous manquez de confiance en vous, pensez à votre fleur. Où que vous soyez, imaginez-la en vous, centrez-vous en elle comme si vous étiez vraiment la fleur, avec toute la confiance en vous qu'elle symbolise.

Faites une expérience : tout en marchant dans la rue, vous imaginez votre fleur en vous : ses racines, sa tige, ses feuilles et sa corolle épanouie au niveau de votre visage... Observez ce qui s'est transformé dans votre regard et dans votre attitude. Comment vous sentez-vous ?

Notes personnelles :

***

Les états d'être positifs, tels qu'ils sont décrits dans ce chapitre, correspondent chacun à une facette de la confiance en nous que nous pourrions nous représenter comme un tout.

Imaginons la confiance en nous comme un ballon de football avec toutes ses facettes en forme de polygones *qui se tiennent et forment un tout* – chaque facette représentant un état d'être positif.

Si une facette (un état d'être) est en mauvais état (est négatif), elle fait perdre de l'air (de l'énergie) à l'ensemble du ballon (la confiance en soi) qui perd donc de sa puissance !

Nous sommes ainsi : lorsque nous vivons un état d'être négativement, il diminue la puissance de notre confiance en nous, et les tensions engendrées nous font perdre de l'énergie vitale.

Nous sommes un tout, considérons l'être que nous sommes dans sa globalité et c'est ainsi que nous pourrons rétablir l'équilibre en nous et l'harmonie.

Plus nous développons notre confiance en nous, en transformant nos états d'être négatifs en positifs, mieux nous canalisons l'énergie de vie que nous pouvons faire rayonner du centre de nous-mêmes.

Quelques questions... concernant nos émotions

Vous venez de noter vos états d'être négatifs et positifs et maintenant prenez quelques feuilles de papier et écrivez sur chacune d'elles une émotion vécue négativement que vous souhaitez transformer (une émotion par feuille), et répondez pour chacune d'elle aux questions proposées ci-dessous.

Commencez par l'émotion qui est la plus préoccupante pour vous aujourd'hui et progressivement vous vous occuperez des autres.

Écrivez spontanément tout ce qui vient à votre pensée par rapport à la question posée – ne cherchez pas à analyser au départ, écrivez tout simplement.

L'écriture est un moyen intéressant d'expression. Retenez que c'est en exprimant une émotion que vous vous en libérez : exprimer c'est porter hors de vous l'émotion que vous ressentez, soit en la verbalisant, si vous êtes accompagné(e) par un(e) sophrologue, soit en l'écrivant si vous êtes seul(e), ou les deux réunies.

Voici ces questions :

– À quel moment cette émotion se présente-t-elle le plus souvent ?

– dans quelle situation ?

– en présence de quel genre de personnes ?

– Décrivez :
- – votre mal-être,
- – ce qui se produit en vous,
- – ce que vous pensez de vous.

Observez les mots que vous employez pour décrire cela, relisez-les et écoutez-les, sentez ce qu'ils représentent symboliquement. Ils vous guident et vous disent beaucoup sur l'origine de vos mal-être intérieurs et physiques.

Observez ces mots par rapport à l'adulte que vous êtes et par rapport à l'enfant que vous étiez.

***

Prenons un exemple :

Une personne qui veut comprendre pourquoi elle a tendance à grossir et qui perd difficilement du poids, va en parlant d'elle, employer des mots qui symboliquement expliquent beaucoup de choses. Elle peut dire :

« je suis forte », et se demander :

– Pourquoi ai-je besoin de montrer que je suis forte ?

– À qui ai-je besoin de le montrer ?

– De quoi ai-je peur et contre qui ai-je besoin de me protéger ?, etc.

ou bien dire, « je suis enrobée », et se demander :

– Pourquoi ai-je besoin de m'enrober ?

– Qu'est-ce que je veux cacher ?

– Qu'est-ce que ou qui est-ce que je veux protéger ?

– Contre qui ai-je besoin de me protéger ?

– Quel modèle parental suis-je en train de reproduire ?, etc.

***

– Quand ressentiez-vous cette émotion étant enfant, vous en souvenez-vous?

– Ce souvenir vous fait-il recontacter quelque chose du passé... et de votre enfance?

- par rapport à votre père?
- par rapport à votre mère?
- par rapport à un frère ou à une sœur?
- par rapport à quelqu'un qui était proche de vous?

Si vous ressentez une émotion, laissez-la s'exprimer: pleurez, dites votre tristesse ou votre colère à haute voix à la personne qui n'a pas satisfait votre besoin d'être aimé(e) lorsque vous étiez enfant ou aujourd'hui en tant qu'adulte, *en l'imaginant devant vous.*

Puis pratiquez l'exercice qui vous convient le mieux parmi ceux que vous connaissez pour rétablir le calme et l'harmonie.

Ou bien, écrivez une lettre (que vous n'enverrez pas) à cette personne et détruisez cette lettre.

Troisième partie

Être enfant, être parent

Nous sommes tous des êtres conscients en chemin...

En pratiquant les exercices vous avez pu rencontrer le petit enfant que vous étiez, et le connaissant mieux, le comprenant mieux, vous sentez maintenant ce dont il a besoin.

Vous percevez je pense l'importance de cette période de la vie intra-utérine et de l'enfance, période où le petit enfant se construit intérieurement et qui est vraiment déterminante pour une vie d'adulte harmonieuse et son bonheur.

Lorsque les futurs parents et parents ont conscience de cela, ils peuvent donner à leurs propres enfants aujourd'hui ce dont ils ont véritablement besoin et leur offrir la possibilité de s'épanouir et de regarder la vie avec confiance. Car l'enfant prend ses parents comme modèles et c'est à travers leur langage et leur comportement qu'il construit son mode de pensée. Il est donc dans un premier temps dépendant du modèle parental, attitude indispensable pour établir la base de son existence sur terre. Mais il ne peut pas le rester.

Vers l'âge de deux ou trois ans, il commence à réaliser qu'il est un individu et qu'il existe par lui-même. Ceci est très significatif dans son langage avec le « non » qui marque bien qu'en pensant autrement, il est quelqu'un d'autre que son père ou sa mère.

Puis la grande étape suivante est l'adolescence où l'enfant montre d'une façon encore plus marquée son individualité, en refusant tout ce que représente ses parents (ce qu'ils disent, ce qu'ils font, etc.).

Mais la transformation ne s'arrête pas là. L'enfant qui est devenu adulte continue à « se chercher » pour se connaître mieux et pour devenir une personne autonome, consciente et responsable d'elle-même. C'est grâce à ses prises de conscience, à une démarche intérieure ou une thérapie dans lesquelles l'être est reconnu dans son entité [esprit, mental et corps], qu'il peut continuer sa propre transformation.

L'enfant qui vient vers nous pour que nous soyons ses parents, a quelque chose à faire avec nous et avec qui nous sommes au moment où nous le concevons, comme nous avons quelque chose à comprendre et à dépasser avec lui.

Rien n'arrive par hasard...

En nous transformant, nous ouvrons le chemin de l'harmonie à nos enfants, nous leur donnons les « outils » pour devenir eux-mêmes des êtres conscients et autonomes.

Ainsi le travail intérieur que nous faisons pour nous, nous le faisons aussi pour eux. C'est je crois le plus bel héritage que nous puissions leur laisser, c'est la force intérieure que nous leur montrons, et dont ils sauront se servir dans n'importe quelle situation de la vie.

Période de la vie intra-utérine

Elle est une étape essentielle de la vie et tout à fait déterminante pour nos compréhensions et comportements futurs. Nous avons surtout parlé de la période de l'enfance, plus proche de nous et plus accessible consciemment, mais la vie avant la naissance est indissociable du reste.

Les messages parentaux s'inscrivent dès la création de notre première cellule de vie. À l'heure actuelle, l'enfant avant sa naissance est de plus en plus reconnu comme une personne, mais on parle encore très peu du fait qu'il ressent tout se qui se vit autour de lui, de manière très sensible, comme un être déjà pensant, mais aussi dépendant pour sa survie de l'attention et de l'amour de son père et de sa mère (comme cela continuera à être le cas dans l'enfance).

Prenons un exemple.

La mère de Paul, en apprenant qu'elle est enceinte, l'accepte assez mal car elle envisage à ce moment-là de changer d'activité pour évoluer professionnellement. Or la venue de Paul l'empêche de saisir l'occasion qui lui est offerte et elle ne cache pas sa déception en disant souvent :

« je n'aurai jamais plus une occasion comme celle-ci. »

Or Paul, ce tout-petit être dans le ventre de sa mère, ressent « en direct » les émotions de celle-ci, et comme *il ne sait pas* ce qui se passe et pourquoi elle est déçue et contrariée, *il croit* que c'est à cause de lui : il se culpabilise car il se sent rejeté à ce moment-là.

Il imprime alors en lui ces émotions avec sa logique et à sa sensibilité de tout-petit et par rapport à sa *croyance* de ne pas être désiré.

C'est en effet une croyance puisque sa mère ne dit pas qu'elle ne désire pas Paul, elle dit qu'elle est déçue de ne pas pouvoir évoluer professionnellement... c'est très différent. Mais Paul, lui, ne peut pas le comprendre ainsi.

Elle ignore bien sûr la manière dont il interprète sa

déception et si elle en avait eu conscience, tout se serait passé différemment. Car en pensant à ce qu'il pouvait ressentir, elle lui aurait expliqué et aurait pu lui dire pour le sécuriser :

« La déception que je ressens n'a rien à voir avec toi, je suis heureuse que tu sois là et tu peux continuer à te développer à ton rythme. Je t'aime. »

Paul a simplement besoin de savoir qu'il est accepté, reconnu, etc. et que ses parents l'aiment.

J'ai pu m'apercevoir que les personnes qui entreprennent cette démarche intérieure ou cette thérapie, en rapport avec la période de leur vie intra-utérine, en gardent un ressenti profond, et se sentent ensuite très intimement reliées à ce petit être qu'elles étaient. C'est une période riche et touchante. Retrouver ces souvenirs, c'est sentir notre dimension spirituelle d'être humain : l'être est encore un petit embryon de quelques millimètres et déjà il ressent !

Ses yeux et ses oreilles physiques ne sont pas formés et déjà il voit et entend avec ses yeux et oreilles intérieurs. L'essence même de son être est là, contenue dans sa première cellule de vie !

Ces tout-petits qui nous aident à grandir !

Si vous attendez un bébé, dès sa conception ou dès que vous apprenez que vous êtes enceinte, pensez à lui comme à un être à part entière, qui pense et ressent.

Il est un être qui ressent *plus* que tout autre, et *avant* tout autre chose, puisqu'au début de la vie le bébé physique est à un état embryonnaire.

Plus vous serez à l'écoute de ses besoins, plus vous serez en harmonie avec vous-même, puisque la satisfac-

tion de ses besoins passent par la compréhension des vôtres.
Et plus vous communiquerez avec lui, en connaissance de ses besoins, plus vous l'aiderez à se construire harmonieusement.

Comme tout être humain, il a avant tout besoin d'amour, l'amour compris comme ce besoin vital et essentiel qui est au centre de tous nos besoins, et que l'on édifie avec la tendresse, la bienveillance, l'empathie, la compréhension, l'acceptation, la reconnaissance, le partage, le respect, la confiance, etc.

Plus vous donnerez de cet amour-là à votre bébé, (donc à vous-même), mieux vous lui permettrez de s'aimer lui-même.

Voici quelques conseils pour communiquer avec votre bébé.

– En lui disant que vous l'aimez, et en lui faisant sentir intérieurement, vous le mettez en confiance, vous le sécurisez, et si vous accompagnez votre ressenti en mettant vos mains sur votre ventre par exemple (ou le ventre de votre compagne si vous êtes le papa), il va sentir ce contact et la chaleur tendre qui se dégage de vos mains et va se sentir bien, reconnu et aimé.

Vous pouvez également visualiser une lumière et une chaleur douce et apaisante à l'intérieur de vous, au niveau de votre centre d'énergie du cœur et lui transmettre comme si vous l'en enveloppiez pour lui montrer votre tendresse.

Si vous êtes le papa, vous visualisez la même chose, puis vous imaginez cette lumière et cette chaleur douce et apaisante qui va de votre cœur vers le bébé. Car bien qu'il vous soit difficile parfois de sentir sa présence (par rapport à la maman qui le porte), vous êtes symboliquement reliés et ce que vous pensez et ressentez ne le laisse pas indifférent.

– Lorsque vous avez une émotion qui vous rend triste par exemple, expliquez-lui que vous êtes triste, dites-lui d'une manière très simple pourquoi vous êtes triste, afin que l'enfant sente que ce n'est pas à cause de lui.

Employez des phrases positives.

Et terminez toujours par une phrase et un ressenti chaleureux (avec la visualisation) qui le rassure et dites-lui que vous l'aimez.

– Ou bien encore si votre état vous oblige à l'immobilité, vous allez peut-être manifester de l'impatience et penser qu'à cause de votre grossesse vous ne pouvez pas faire ce que vous voulez... pensez à l'exemple de la mère de Paul.

Rectifiez en premier lieu pour vous-même, pour comprendre pourquoi vous êtes immobilisée, pourquoi cet état crée de l'impatience en vous, puis expliquez à votre bébé.

Dites-lui qu'il est bien à sa place là où il est, qu'il peut prendre son temps pour grandir et que vous l'aimez. Et reposez-vous tranquillement, faites des exercices pour calmer votre impatience. Puis visualisez votre bébé dans votre ventre, en imaginant qu'il se développe parfaitement bien, et imaginez un cordon de lumière et d'amour qui va de votre cœur, vers son cœur, qui vous relie et qui vous fortifie tous les deux, qui vous donne de l'énergie de santé et d'amour.

– Si le papa n'est pas là, il est important que la maman l'explique au bébé de manière simple et imagée.

Il est nécessaire alors qu'elle comprenne ses émotions si cette situation en crée, toujours en expliquant au bébé, afin qu'il n'y ait pas de mystères pour lui et qu'il se sente aimé et désiré.

– Avant la naissance, expliquez à votre bébé ce qui va se passer au moment de l'accouchement et de son arrivée au monde, les contractions que vous allez ressentir, vous et lui, qui vont lui permettre de s'engager vers la sortie, vers le monde !

Parlez-lui de l'endroit où cela va se dérouler, des gens qui vont se trouver autour de lui et dont les voix ne lui sont pas familières, de la lumière qui va être très différente de celle qu'il connaît, des personnes qui vont le prendre dans leurs bras, etc.

Sécurisez-le, mettez-le en confiance en lui redisant que vous serez toujours là, reliés par ce cordon d'amour qui va de votre cœur vers le sien, et au moment de l'accouchement, continuez à lui parler, vous ses parents, encouragez-le à venir afin qu'il sente que vous l'attendez et que vous êtes heureux de son arrivée. Cela aidera le bébé, mais aussi sa maman, sentez que vous êtes trois (ou deux si le papa n'est pas là) dans cette merveilleuse aventure de la vie.

Partagez ce moment unique.

– Si vous devez subir une péridurale, sachez que votre bébé en sera probablement destabilisé, car si vous, vous ne ressentez plus ce que vous dit votre corps, lui perd également le contact avec vous. Afin d'atténuer sa peur, expliquez-lui avant et au moment de l'intervention ce qui va se passer pour lui et parlez-lui du cordon d'amour qui vous relie quoiqu'il arrive.

– Si vous devez subir une césarienne, demandez l'avis

de plusieurs médecins et si cette intervention est inévitable, préparez votre bébé de manière à ce qu'il sente qu'il est allé jusqu'au bout de cette étape de sa vie intra-utérine, qu'il est prêt à venir au monde et qu'on va venir le chercher directement dans votre ventre, car c'est la meilleure façon de naître pour lui et pour votre santé à tous les deux. Dans ce cas aussi parlez-lui du cordon d'amour qui vous relie.

Tous les exercices que vous avez faits pour vous au cours de ce livre, vous pouvez les faire « avec » ou pour votre bébé pour l'apaiser lui aussi et le mettre en confiance.

La visualisation et le ressenti représentent le langage qu'il peut le mieux comprendre. Vos paroles et votre intonation, elles, les accompagnent, et sont également très importantes (employez des termes positifs).

Le ressenti du bébé est très fort par rapport à ce que sa mère et son père ressentent, c'est pourquoi il est très important d'être à l'écoute de ce qui se passe en vous, d'être conscients de vos pensées et émotions pour pouvoir les comprendre et expliquer à votre bébé.

La démarche de transformation que vous entreprenez pour vous est encore plus motivante lorsque vous attendez un bébé, car vous mettre à son écoute, vous met encore plus à l'écoute de vous-même. Il vous pousse en quelque sorte à penser et à ressentir beaucoup plus en conscience.

Ces exemples vous montrent le principe de la communication entre parents et enfant avant la naissance.

Imaginez-vous toujours à la place de votre bébé qui ne sait pas comme vous, ce qui se passe et qui n'a pas votre logique d'adulte. Demandez-vous ce dont vous auriez besoin à sa place et donnez-lui.

Ce principe ne change pas ensuite pour la période de l'enfance et de l'adolescence, et il va encore plus loin, car il est le principe même de la communication entre tous les êtres : se mettre à la place de l'autre (le comprendre) pour sentir ce dont il a besoin, et lui donner.

Une fois encore, les enfants nous montrent le chemin !

Conclusion

La sophrologie est une belle école de communication, communication qui commence avec nous-mêmes, à travers notre recherche intérieure et nos compréhensions, et tout particulièrement à travers le petit enfant que nous étions et que nous connaissons mieux. Il nous a fait sentir qu'il est toujours là et maintenant nous pouvons l'écouter et œuvrer ensemble vers notre véritable dimension.

Communiquer, c'est partager avec les autres ce que nous avons appris sur nous-mêmes, simplement, en les écoutant, comme nous écoutons ce qui se passe en nous, en étant en empathie avec eux, en ne les jugeant pas, mais en les comprenant comme nous nous comprenons, en les aidant à découvrir leur propre valeur, comme nous reconnaissons la nôtre, en leur donnant de l'amour comme nous nous en donnons, etc.

Aussi je souhaite avoir véritablement communiquer avec vous à travers ce livre afin que ce partage vous apporte autant qu'il m'a apporté, et afin que nous ayons tous un peu grandi !

Si vous souhaitez contacter l'auteur,
écrivez à l'éditeur qui transmettra.

Table des matières

Impression réalisée sur CAMERON par

BUSSIÈRE CAMEDAN IMPRIMERIES

GROUPE CPI

à Saint-Amand-Montrond (Cher)
pour le compte des Éditions Grancher
en octobre 2002

N° d'impression : 024703/1.
Dépôt légal : octobre 2002.

Imprimé en France